**역사드라마,
상상과 왜곡 사이**

역사드라마, 상상과 왜곡 사이 - TV는 어떻게 역사를 소환하는가

초판 1쇄 인쇄 2019년 9월 20일
초판 1쇄 발행 2019년 9월 30일

지은이 주창윤
펴낸이 정순구
책임편집 조수정
기획편집 정윤경 조원식
마케팅 황주영

출력 블루엔
용지 한서지업사
인쇄 한영문화사
제본 한영제책사

펴낸곳 (주) 역사비평사
등록 제300-2007-139호 (2007.9.20)
주소 10497 경기도 고양시 덕양구 화중로 100(비전타워21) 506호
전화 02-741-6123~5
팩스 02-741-6126
홈페이지 www.yukbi.com
이메일 yukbi88@naver.com

저술 지원 본 저서는 '2018년 한국방송학회 방송영상 분야 저술출판지원'을 받았음.
제작 지원 이 도서는 한국출판문화산업진흥원의 '2019년 출판콘텐츠 창작 지원 사업'의 일환으로
　　　　　국민체육진흥기금을 지원받아 제작되었습니다.

책값은 표지 뒷면에 표시되어 있습니다.
잘못 만들어진 책은 구입하신 서점에서 바꾸어 드립니다.

역사드라마, 상상과 왜곡 사이

TV는 어떻게 역사를 소환하는가

주창윤 지음

역사비평사

차례

역사드라마, 상상과 왜곡 사이

— TV는 어떻게 역사를 소환하는가

서문

　역사는 기록과 기억의 형성물이지만, 그렇다고 해서 역사학자의 전유물만은 아니다. 대중서사 작가들도 기록된 역사의 편린을 바탕으로 상상력을 통해서 역사를 재구성한다. 역사 장르로 불리는 역사소설, 역사드라마, 역사영화, 역사극들은 대중에게 새롭게 역사를 바라보는 관점을 제공한다. 박경리의 『토지』나 조정래의 『태백산맥』은 한국 근현대사의 총체적인 삶의 모습과 당대를 살아가는 사람들의 정서를 그려냄으로써 역사학이 담아내지 못하는 공백들을 메운다.

　역사드라마는 역사 장르 중에서 가장 인기 있는 대중서사 장르다. 최근에는 역사드라마의 인기가 과거에 비해 떨어지고 있지만, 2000년대 초반 〈허준〉, 〈대장금〉, 〈태조 왕건〉, 〈주몽〉 등은 50%에 가까운 시청률을 나타낼 만큼 전성기를 구가했다. 어쩌면 대중이 역사책보다는 역사드라마를 보면서 역사를 재구성하는지도 모른다.

역사드라마는 역사적 사실보다 역사적 개연성과 허구성의 외연을 넓힘으로써 대중성을 확보해왔다. 역사드라마는 다양한 볼거리 (spectacle)를 제공하고, 다른 장르들(특히 멜로드라마나 추리물)로부터 재미를 끌어들이는 장치를 도입했으며, 빠른 이야기 전개와 새로운 연출 등을 통해 대중을 사로잡았다. 더욱이 주로 조선시대에 머물러 있었던 시공간의 배경을 벗어나 고려시대, 삼국시대까지 거슬러 올라가고 있다. 이 과정에서 드라마 작가의 역사적 상상력은 한층 더 중요해졌다. 여기서 '상상력'이란 완전히 '허구적(fictive)'인 것을 뜻하지 않는다. 주요 등장인물, 배경, 사건 등은 역사 기록을 따르지만 대부분의 인물관계와 인물 설정, 그리고 주변 사건들은 작가의 상상력에 의존한다는 뜻이다. 최근 들어서는 역사를 시대 배경으로만 설정할 뿐 이야기는 허구인 경우도 적지 않다.

역사드라마가 역사 기록을 얼마나 충실히 담아내는가, 혹은 역사적 개연성이나 허구성에 어느 정도 의존하는가를 묻기 전에 분명한 것은 작가들이 다양한 방식으로 역사를 소환한다는 점이다. 작가들은 사료에 떠다니는 기표들을 부분적으로 끌어오며, 역사학자들이 선별해놓은 사건들 중에서 공존 가능한 시간과 공간을 재구성한다.

이는 역사드라마에서 가장 중요하고 흥미로운 영역이 역사 소환과 재현 방식이라는 것을 의미한다. 소환이 작가에 의해 선택되고 재배열되는 사건과 인물이라면, 재현은 드라마의 시공간 속에서 역사가 표현되는 방식이다. 바로 이 지점이 역사학자와 작가가 갈등하는 영역이다. 역사학자들은 역사드라마에서 역사적 사실의 왜곡과 변형을 지적하며 고증의 오류를 끊임없이 비판한다. 반면 작가들은 드라마의 상상력이 역사적 사실에 우선한다는 점을 강조한다.

문화 연구자로서 나의 관심은 역사드라마의 역사적 사실에 대한 고증 여부가 아니다. 나는 일일이 고증을 밝히고 판단할 수 있는 능력도 부족하거니와 역사를 담론의 결과물로 보기 때문에, 왜 지금 작가들이 다양하게 역사를 소환하고 있는가, 또 그것이 갖고 있는 의미는 무엇인가에 관심이 있을 뿐이다. 따라서 이 책의 목적은 작가가 주장하는 '상상력'과 역사학자가 비판하는 '역사 왜곡'이라는 대립적 구도를 넘어 역사드라마가 어떻게 역사를 소환하고 재현하는지, 그리고 그것이 갖는 사회 문화적 의미는 무엇인지를 파악하는 데 있다.

「1장: 어떻게 역사드라마를 볼 것인가」에서는 역사 장르에 대한 논의와 역사 서술 방식을 기술할 것이다. 역사드라마가 역사소설, 역사영화, 역사극으로부터 어떤 관습과 전통을 이어받았는지 살펴본 뒤, 서술 방식으로서 기록적 역사 서술, 개연적 역사 서술, 상상적 역사 서술, 전형적 역사 서술, 허구적 역사 서술을 검토할 것이다. 역사드라마의 서술 방식은 개연적 역사 서술 방식에서 상상적 역사 서술 방식으로 변해가고 있다. 세 편의 역사드라마를 사례로 들어 조선 건국 과정에서 발생한 이성계의 낙마 사건을 어떻게 묘사하는가를 비교함으로써 역사 서술 방식의 차이를 논의할 것이다.

「2장: 역사적 상상력의 코드」에서는 민족과 탈민족, 주류와 비주류, 기록과 상상이라는 대립적 측면에서 드라마의 상상력이 어떻게 개입하는가를 볼 것이다. 민족의 재창조는 역사드라마에서 중요한 주제 중의 하나였다. 그런데 이와 동시에 민족주의에서 벗어나 탈민족의 역사를 다루는 경향도 나타나기 시작했다. 역사드라마는 역사 속에 위치한 인간의 보편적 가치를 다루면서 '변용 가능성으로서의 역사'를 담아내기도 한다. 이것은 역사의 시공간이 인간의 보편적 가치를 어떻게 억압하고 있는지, 이를 극복하기 위해 인물들은 어떻게 꿈꾸는지를 그려내는 데서 보인다. 또한 이제 역사드라마는 주류의 인물에만 갇혀 있지 않고 여성·중인·천민·서자 등 비주류 인물을 다양하게 그려내는 추세다. 2장에서는 상상의 역사가 어떻게 재미를 불러일으키는지도 살펴볼 것이다.

「3장: 역사와 현실의 알레고리」에서는 고구려의 소환, 역사와 당대의 알레고리, 장희빈과 정조의 소환을 다룰 것이다. 2006년에 방영된 〈주몽〉, 〈연개소문〉, 〈대조영〉은 고구려 열풍을 주도했다. 고구려 열풍은 그즈음 한중 역사전쟁 문제로 비화한 중국의 동북공정과 무관하지 않다. 이들 드라마에서는 과거에 거의 다루어지지 않았던 고구려가 시대적 배경으로 등장하면서 민족주의가 강조되었다. 강한 민족주의가 현실 역사의 결핍과 부재를 보상하고 대체하기 위한 산물이라면, 그것은 당대와 알레고리를 형성한다고 볼 수 있다. 지금까지 제작된 역사드라마에서 주목할 만한 인물은 장희빈과 정조다. 장희빈은 1971년, 1981년, 1995년, 2002년, 2013년 등 총 다섯 차례나 역사드라마의 주인공으로 등장했는데, 대부분 인기를 끌었다. 그만큼 극적 재미를 불러일으키는 인물이기 때문이었다. 그러나 각 시기마다 장희빈의 재현 방식은 달랐다. 사악한 요화妖花, 권력의 희생양, 중인 신분을 극복한 인물, 패션 디자이너로서 운명적 사랑의 인물로 그려진 것이다. 정조의 소환 역시 흥미롭다. 2007년을 전후하여 정조는 대중문화 텍스트에서 급부상했다. 당시의 현실 정치적 상황과 정조의 개혁 정치 사이에 밀접한 관계가 있을 것이다. 과거 역사드라마에서 정조는 국왕으로서 중심인물이라기보다는 영조, 사도세자, 혜경궁 홍씨와의 관계 속에 위치한 주변적 인물이었다. 그러나 새롭게 소환되는 정조는 고뇌하는 개혁 군주의 모습이다.

「4장: 〈미스터 션샤인〉의 역사 소환과 재현 전략」에서는 역사적 사실로부터 특정 사건들이 어떻게 선택되고 재배열되는지, 그리고 개연적이거나 허구적인 사건들이 어떻게 구성되는지를 구체적인 사례를 통해 분석했다. 〈미스터 션샤인〉은 세 가지 방식으로 역사를 소환해서 재현했다. 먼저, 역사의 전경화前景化 전략은 증거로서 역사를 재현하고 특정 장소를 의미화하는 것이다. 〈미스터 션샤인〉은 신미양요나 정미년의 남대문 전투 등을 증언, 사진, 역사 기록을 바탕으로 사실적으로 묘사함으로써 역사성을 높여 시청자로 하여금 실제 역사 속으로 몰입시켰다. 다음으로, 역사의 중경화中景化 전략은 역사 기표들 중에서 선택 가능한 것을 선별하여 드라마의 외적 개연성(역사적 맥락)과 내적 개연성(허구적 상상력)을 높이는 것이다. 고종의 예치증서, 밀지, 제국익문사 등의 역사 기표들은 허구적 인물, 실존 인물, 개연적 인물들과 결합되어 서사의 중심을 이끌어갔다. 마지막으로, 역사의 배경화背景化 전략은 역사 시간과 공간을 압축하면서 재배열하는 것이다. 〈미스터 션샤인〉의 시간 설정은 1902~1907년이지만, 드라마에서 보여주는 시대 사회상은 1870년대부터 1930년대에 나타난 풍물, 유행, 문화 등이 압축되어 있다. 이것은 서사에 직접 개입하기보다는 서사 뒤에서 이야기를 보완해주는 기능을 수행했다. 이와 같은 소환과 재현 전략이 시청자를 역사 안으로 끌어들이는 역사 효과를 만들어냈다고 평가할 수 있다.

「5장: 여성 인물의 상상적 소환」에서는 역사드라마에서 남녀 주인공의 비중과 여성 인물의 신분 변화 등을 간략하게 분석할 것이다. 2000년대 초반 이후 여성 인물의 비중은 과거에 비해 높아지고 있다. 이 책에서는 대표적인 사례로 〈육룡이 나르샤〉에 등장하는 분이, 연희, 연향, 윤랑, 초영 같은 허구적 여성 인물들이 지니는 의미를 논의할 것이다. 더불어 〈육룡이 나르샤〉(2015)보다 먼저 제작·방영되었지만 드라마가 다루는 시대적 배경은 그것의 후대인 〈뿌리 깊은 나무〉(2011)에서 소이가 창의적 인물이면서도 신분의 한계를 뛰어넘어 새로운 세상을 열어가는 주체적 인물이라는 점을 살펴볼 것이다.

「6장: 이병훈의 상상적 역사 쓰기」에서는 역사드라마 감독으로 탁월한 성과를 이룬 이병훈의 역사 소환 방식을 다룬다. 이병훈은 역사와 멜로드라마의 상상력을 결합했으며, 영웅서사를 현대적으로 변용하여 인물을 재해석하는 연출로 지난 40여 년 동안 역사드라마의 대중화에 크게 기여했다. 더욱이 여성과 비주류를 전면에 내세우면서 이전의 역사드라마와 다른 창조와 변용을 만들어냈다. 그는 '비주류의 진정성'을 통해 역사 인물을 소환했다.

「7장: 역사드라마의 장르사」에서는 지난 50여 년 동안 역사드라마가 어떻게 변화되어왔는가를 실증적으로 분석할 것이다. 1964년 최초의 역사드라마 〈국토만리〉가 방영된 이후 역사드라마는 사회 변화에 따라 변용(variation)과 변화(change)의 과정을 거쳐왔다. 변용이 형식과 내용의 새로움이라면, 변화는 그 새로움을 하나의 장르 관습으로 이끄는 것이다. 1964~2018년까지 한국 텔레비전에서 방영된 총 350편의 역사드라마 내용 분석과 형식 분석을 통해 '코드화의 변화 과정'을 시기별로 살펴볼 것이다.

이 책의 말미에 부록으로 덧붙인 「한국 텔레비전 역사드라마 데이터베이스(1964~2018)」는 350편의 역사드라마에 대해 연도, 방송사, 시대 배경, 서사, 형식, 작가, 연출가 등을 일목요연하게 정리해놓은 목록이다.

역사는 과거에 대한 '기억하기'와 '망각하기'의 과정일 것이다. 현재와 미래의 삶을 담보로 역사에 대한 기억하기의 과정이면서 현재와 미래를 담보하지 않은 것에 대해서는 '망각하기'의 과정인 셈이다. 물론 시대에 따라서 과거의 기억이 망각되기도 하고, 망각되었던 것이 새롭게 기억되기도 한다. 이는 역사드라마가 방영되던 바로 그 시점에서 역사를 어떻게 소환하고 소환하지 않는가와 관련된다.

역사드라마는 역사책과 다른 지점에서 역사를 소환하고 대중에게 역사의 환기력을 제공한다. 비록 역사드라마에서 역사의 재현이 탈역사적인 모습으로 나타난다고 하더라도 그것이 당대 문화와 관련해서 무의미한 것은 아니다. 역사드라마는 과거 '역사'드라마에서 오늘날 역사'드라마'로 변화하고 있다. 그만큼 드라마의 요소가 강조되고, 역사는 주변과 배경으로서 위치한다는 말이다. 어쩌면 지금이야말로 역사드라마가 어떻게 역사를 소환하고 재현하는가에 대해 물어야 할 때가 아닐까 싶다.

2019년 8월
주창윤

DRAMA

1장

어떻게 역사드라마를 볼 것인가

TV

역사, 역사학, 역사 장르―이 세 가지는 사실史實, 사실에 대한 인과적 설명, 그리고 그 설명에 대한 '상상적 해석'의 관계라고 할 수 있다. 우리가 사실을 알 수 있는 방법은 다양한 과거 흔적들과 역사 기록을 통해서다.

　역사학이 시간과 공간이라는 가변의 두 축을 씨줄과 날줄로 하여 인간과 조건을 이해하는 학문이라면, 역사 장르는 사실과 상상력을 매개로 만들어지는 허구물이다. 역사 장르는 역사학이 대상으로 삼는 기록과 편린들을 가지고 작가의 상상력을 첨가한다. 역사 장르 작가(역사소설가, 역사영화 감독, 역사드라마 작가 등)에게 기록과 편린은 음식의 재료와 같다. 재료를 어떻게 요리할 것인가 또는 어떤 상상력의 양념을 활용할 것인가 하는 문제는 작가의 몫이다.

　'과거에 대한 사실(a fact about the past)' 자체가 '역사의 사실(a fact

of history)'이 되는 것은 아니다. 역사가는 현재적 관점과 문제의식을 통해 '과거에 대한 사실들' 중에서 의미 있다고 여겨지는 것들을 선택하여 일정한 질서로 배열한다. 즉, 역사는 담론 체계의 결과물인 셈이다. 이것은 역사 장르 작가에게도 유사하게 적용된다. 역사 장르 작가는 '과거에 대한 사실들' 중에서 의미 있다고 판단되거나 의미 있을 거라고 여겨지는 것들(반드시 역사적 사실일 필요는 없다)을 선택하여 자신만의 상상력으로 형성화한다.

1. 역사 장르

역사영화, 역사소설, 역사극, 역사드라마 등의 역사 장르는 역사를 배경으로 설정한 허구물이다. 역사 장르는 상이한 전통 속에서 각각의 문체와 서술 방식을 발전시켜왔다.

역사영화는 크게 두 가지 범주로 나뉜다. 하나는 실존 인물과 역사적 사건을 표현하는 영화이고, 다른 하나는 인물과 플롯은 허구지만 역사적인 배경이 작품의 의미 생산과정에서 중요한 영향을 미치는 영화다.[1] 전자는 〈마지막 황제(The Last Emperor)〉(1987)나 〈링컨 (Lincoln)〉(2012) 같은 전기 영화까지 포함한다. 후자는 허구적 인물이 역사적인 배경과 사건 속에서 설정되어 사적 영역(사랑, 우정, 음모 등)이 공적 영역(역사적·정치적 사건)과 유기적 관계를 맺는 영화에 해당하고, 그 밖에 명작소설을 영화화한 작품도 포함한다. 명작소설을 영화한 작품은 '고전 작품' 영화(costume film, heritage film)로 불린다. 대체로 유럽과 미국의 상류층 생활 스타일이나 가치들을 다룬 것으로, 〈바람과 함께 사라지다(Gone with the Wind)〉(1939)와 〈오만과 편견(Pride & Prejudice)〉(2005)이 대표적이다.

로젠스톤(Robert A. Rosenstone)은 역사 자료를 활용하는 방식에 따라 역사영화를 세 가지 시각에서 바라본다. 첫째, 드라마로서 역사영화(history as drama)는 역사적 실존 인물과 사건을 다루거나, 인물과 이야기 전개는 허구라 하더라도 역사 배경이 의미 생산에 중요한 역할을 하는 영화이며, 둘째, 다큐멘터리로서 역사영화(history as documentary)는 증인이나 해설자를 통해 설명하는 방식의 다큐멘터리로 제작된 영화이다. 셋째, 실험으로서 역사영화(history as experiment)는 '드라마로서 역사영화'와 '다큐멘터리로서 역사영화'의 사이에 위치한다. 예이젠시테인(Sergei M. Eizenshtein)의 〈전함 포템킨(Battleship Potemkin)〉(1925), 〈10월(October)〉(1928) 등이 여기에 속한다.[2]

로젠스톤은 영화가 역사를 끌어들이는 방식에 따라 역사적 상상력, 증거, 그리고 역사적 상상력과 증거 사이의 결합으로 구분한 것이다. 그러나 그의 구분법이 유용한 것만은 아니다. 왜냐하면 역사영화들은 대부분 드라마로서의 역사영화에 속하고, 드라마로서의 역사영화와 실험으로서 역사영화의 구분도 모호하기 때문이다. 예컨대 〈전함 포템킨〉은 다큐멘터리 형식을 사용하고 있지만 사회주의 리얼리즘을 추구하고 실제 사건과 인물들을 소재로 다루고 있다는 점에서 드라마로서 역사영화로 정의할 수 있다.

역사영화는 드라마 요소(인물 설정, 에피소드 중심의 전개, 플롯 등)와 스펙터클의 요소(역사 배경, 역사 공간의 재현 등)를 통해 역사를 표현한다. 허구적 인물 설정과 에피소드 중심의 전개는 서사의 극적 재미를 높이는 역할을 담당하고, 배경과 사건의 재현을 통한 스펙터클은 사적 공간을 공적 공간으로 위치시킨다. 그린던(Leger Grindon)은 역사영화의 표현 방식을 두 가지 대립적 구도에서 바라본다.[3]

개인적 요소	맥락적 요소
플롯	역사 공간
개인	사회
특정 인물의 개인성	집단의 모습
개인 심리	집단 행위
친숙한 장면	공적 의례
인물 설정	스펙터클

위와 같은 두 가지 요소가 서사 내에서 엄밀히 구분되지는 않지만, 역사영화를 포함한 역사 장르가 이들 요소 사이에 위치하고 있음은 분명하다. 역사 장르는 개인적 요소와 맥락적 요소, 플롯(사건의 연쇄)과 역사 공간, 개인과 사회, 특정 인물의 개인성과 시대가 만들어

낸 집단의 모습, 사랑 같은 일상생활의 친숙한 장면과 공적 의례, 인물 설정과 스펙터클 사이의 긴장 관계 속에서 존재한다.

그러나 역사영화의 정의가 명확한 것은 아니다. 역사 배경을 담고 있다고 해도 전쟁영화나 종교영화 등은 다른 장르 범주로 간주되기도 한다. 이를테면 전쟁영화는 역사영화에 포함될 수 있지만, 종교 인물을 다루는 경우에는 종교영화로 정의된다. 이것은 관객이 느끼는 감상이나 즐거움의 기대지평이 역사영화와 다르기 때문이다. 장르가 "텍스트의 코드화된 형식일 뿐만 아니라 수용자 사이에 순환하는 기대와 관습의 체계"⁴라면, 영화는 다른 역사적 허구물들보다 산업과 관객의 기대에 영향을 받는 경향이 있다.

역사소설은 역사영화와 다르게 이데올로기 지향과 문학적 상상력이라는 두 가지 차원에서 논의된다. 이것은 특정 인물의 전기적 요소를 그려내기보다는 역사적 진실이라는 보편적 가치를 어떻게 표현하고 있는가와 관련된다.*

터너(James C. Turner)는 '역사(historical)'소설과 역사(history)'소설'을 구분한다.⁵ '역사'에 중점을 둘 경우 역사 맥락과 역사소설 간의 관계에서 역사 맥락이 부각되지만, '소설'을 강조할 경우에는 문학적 상상력이 우선적 의미를 부여받는다.⁶ 그는 전자를 기록적 역사소설,

---

* 소설에서 전기소설은 역사소설과 분리되어 정의되는 반면, 영화에서 전기영화는 역사영화의 범주 안에 포함되는 경향이 있다.

후자를 창안적 역사소설로 규정한다. 창안적 소설은 인과관계로서의 역사가 아니라 허구적 인물들이 역사 배경 속에서 맺는 상상적 관계를 다룬 작품이다. 기록적 역사소설과 창안적 역사소설 사이에 위치하는 것은 '야담형 역사소설'[7]이다. 이것은 불투명한 역사적 인물이나 사건을 다루지만 약간의 개연성이 있으며 재미를 위한 소설이다.

> 역사소설에서 중요한 것은 위대한 역사적 사건들을 재진술하는 데 있는 것이 아니라 그와 같은 사건들 속에서 살아온 민중들에 대한 시적 깨우침이다. 또한 중요한 것은 우리가 사회적 인간적 (역사의) 계기를 재경험하는 것이다. 그럼으로써 우리는 역사적 현실에서 살았던 사람들이 느꼈던 것처럼 사고하고 경험하며 행동하도록 이끌려진다.
>
> ─게오르크 루카치 지음, 이영욱 옮김, 『역사소설론』, 거름, 1999, 44쪽.

'역사'를 강조한 대표적인 이론가로는 루카치(György Lukács)를 들 수 있다. 루카치는 역사 배경 속에서 개인적 경험의 복합성을 구체화하고 사회 변화의 축도縮圖로서 전형적 인물(typical character)의 중요성을 강조한다. 또한 역사소설의 성립 요건으로 역사의식과 현실 감각을 제시하는데, 역사의식은 현재를 역사의 소산으로 보고 과거를 현재의 전신前身으로 파악하는 것이다. '역사의식이 무엇인가'라는 질문은 역사철학의 문제와 결부되어 있지만, 루카치는 과정으로서의 역사, 사회 변화의 추동력으로서의 역사의식을 강조한다. 이와 유사하게 역사소설 이론가인 플레시먼(Avrom Fleishman)도 "역사소설의 역사성은 사회 변화의 추동력으로 역사 개념을 적극적으로 끌어들일 경우"[8]라고 설명한다.

루카치의 주장처럼 이데올로기에 초점을 맞추는 경향이 역사소설의 한 축을 형성하고 있지만, 역사소설 이론가들은 '소설의 구성'에도 적잖은 관심을 기울인다. 작가의 상상력이 역사의식이나 정치적 지향과 결부되어 있을지라도 그가 만들어낸 허구적 서사가 갖는 문학적 상상력도 중요하기 때문이다.

역사극은 역사영화나 역사소설과는 좀 다른 전통에서 정의된다. 역사극은 셰익스피어 시대와 엘리자베스 시대에 발전한 연대기사 연극(chronicle history play)으로부터 시작되었으며, 영웅으로서 왕이나 귀족을 중심으로 낭만적 사건, 살인, 죄, 전쟁, 음모 등을 다룬다. 특히 영웅의 개인성이나 심리적 과정을 중심으로 전개되는데, 역사적 사건은 에피소드를 만드는 계기로만 제공될 뿐이다.

스미스(Robert Metcalf Smith)는 연대기사 연극의 장르 특성으로 느슨한 구성과 에피소드 중심적 구성을 든다. 그에 따르면 역사극은 다섯 가지 관습, 즉 ① 과거 빛나는 역사를 재창조하거나 생명력을 불어넣는 역사의 활용, ② 극적 가능성을 높이기 위한 역사적 인물의 활용, ③ 허구적 인물을 위한 역사 배경 사용, ④ 배경이 되는 사회 묘사, ⑤ 메인 플롯에 관심을 높이기 위해서 역사를 일부 활용하는

것—이들 가운데 하나를 사용하거나 혹은 몇 가지를 혼합하는 경향
이 있다.[9] 연대기사 연극은 역사의식의 문제를 강조하지 않고 연극
전통의 흐름을 그대로 이어가는 방식을 취한다.

역사영화, 역사소설, 역사극은 역사 장르라는 점에서 일부 공유하
는 영역이 있지만 관점의 차이도 분명하다. 역사영화는 역사적 사실
성과 이야기 전개 방식에서 의미 있는 역사 배경의 활용을 강조한다.
역사소설은 리얼리즘 전통을 바탕으로 역사의식과 총체성을 우선시
하는 입장과 소설의 특성으로 허구성에 무게중심을 두는 경향이 대
립한다. 그에 비해 역사극은 역사의식과 허구성, 산업의 측면보다는
비극이나 연대기사 연극처럼 오랜 연극의 전통 속에서 어느 정도 고
정된 장르 관습을 받아들인다.

2. 역사드라마의 정의

텔레비전 역사드라마는 소설, 연극, 영화의 전통을 이어받고 있
다. 이런 특성은 역사드라마의 정의를 더욱 혼란스럽게 만든다. 역사
영화에서 보듯, 서사 전개 과정에서 의미 있는 사건의 활용, 역사소
설에서의 총체성과 허구적 상상력, 그리고 연극에서 발전한 특정 인
물 중심의 심리적 행위와 에피소드 중심으로 형성되는 관습들이 모
두 역사드라마 내에 포함되어 있기 때문이다. 다만 역사드라마에서

는 리얼리즘을 바탕으로 하는 역사적 총체성이나 특정 인물 중심의 심리적 행위 등은 상대적으로 덜 강조되어왔다.

역사드라마의 정의를 어렵게 하는 몇 가지 쟁점들이 있다. 첫째, 역사드라마를 시간과 공간 중심으로 정의한다면, 어느 정도의 과거 시간을 다루어야 역사드라마의 범주에 포함할 수 있는가 하는 점이다. 문학에서는 대체로 40~60년쯤 되는 두 세대 정도의 과거사를 소재로 다룰 경우에 역사소설로 규정하는 경향이 있다.[10] 역사영화는 제2차 세계대전 이전을 분기점으로 설정하기도 하지만,[11] 역사영화 연구자들은 대부분 자의적인 시기 구분을 설정하지 않는다. 역사영화로 분류하는 시기 구분이 중요한 것이 아니라 영화 내 서사의 역사성이 중요하게 간주되기 때문이다.

둘째, 역사적 사실 및 인물의 활용과 관련해서 역사드라마를 어떻게 정의할 것인가도 쟁점이다. 이에 대해서는 실제 역사 배경과 사건을 다루지만 등장인물이 허구인 경우, 역사 배경 자체를 허구의 역사로 설정하면서 등장인물도 허구인 경우, 불분명한 역사적 인물과 배경을 설정하는 경우 — 이 모두를 역사드라마에 포함시킬 것인지, 아닌지도 모호하다.

셋째, 전설, 설화, 고전소설 등을 드라마로 제작했을 때, 이를 역사드라마로 볼 수 있는가도 논란이다. 전설이나 설화, 『춘향전』·『허생전』 등과 같은 고전소설을 극화한 작품들은 완전히 허구물이므로 역사드라마의 범주에서 제외해야 한다는 입장이 있는 반면, 그것들은 특정 시대를 반영하고 있으므로 포함시켜야 한다는 주장도 있다.

넷째, 1960년대 중반에서 1970년대 후반까지 주로 일일드라마 형식으로 조선시대 유교 문화의 영향 속에서 여인들의 고난과 설움을 다룬 드라마들이 적지 않았다. 이들 드라마는 멜로드라마의 관습을 따르면서, 지배 계층인 양반 가정 내에서 부부의 사랑(특히 아내의 남편 사랑), 시어머니에게 구박받는 며느리의 애환, 서민이나 천민들의 슬픔과 사랑, 신분 차이를 극복한 사랑 등을 다루었다. 이 경우 역사 배경이 모호할 뿐만 아니라 내용과 형식도 멜로드라마의 관습을 따른다.

위와 같이 역사드라마에 대한 정의를 내리는 데는 논쟁거리가 없지 않지만, 일단 이 책에서는 역사드라마를 광의의 의미로 정의하고자 한다. 역사드라마의 시대 배경은 1950년 한국전쟁 이전까지로 한정했다. 현재의 관점에서 두 세대 전쯤이 역사의 의미를 평가할 수 있는 최소 시간이라고 판단했기 때문이다.

실존 인물과 실제 사건을 중심으로 구성된다면 역사드라마로 정의하는 데 이견이 없다. 그러나 이 책에서는 역사 배경과 사건을 다루지만 등장인물은 모두 허구인 경우, 허구적 역사를 설정하고 동시에 등장인물도 허구인 경우, 그리고 불분명한 역사적 인물과 배경을 설정하는 경우도 역사드라마의 범주에 포함한다.

역사 배경과 사건을 설정하지만 등장인물이 허구인 사례로는 〈토지〉(1979, KBS; 1987~1989, KBS1; 2004, SBS)를 들 수 있다. 대체로 역사

소설이 드라마로 각색되어 방송되는 경우이다. 이 작품들은 특정 시대의 맥락 속에서 개인적·사회적 진실을 그려내고 있으므로 역사드라마에 포함해도 무리가 없다.

〈대망〉(2002, SBS), 〈다모〉(2003, MBC), 〈해를 품은 달〉(2012, MBC), 〈백일의 낭군님〉(2018, tvN) 등과 같이 역사 배경과 등장인물이 허구인 경우도 모두 역사드라마로 인정한다. 고전소설이나 전설 등을 드라마로 만든 것 또한 역사드라마에 포함한다. 이 밖에 여인들의 애환을 다룬 1960~1970년대의 일일드라마들도 역사드라마 범주에 넣는다. 이와 같은 드라마들은 조선시대의 신분제도, 가부장제, 봉건적 가치관을 기반으로 서사가 전개되기 때문이다.

그러나 이른바 시대극은 역사드라마의 범주에서 제외한다. 시대극은 방송 현장이나 비평가들이 자주 사용하는 용어이다. 방송 종사자들은 일반적으로 역사드라마는 고대부터 일제강점기까지를 시대 배경으로 하는 드라마, 시대극은 해방 전후부터 1950년대 말까지를 배경으로 하는 드라마, 현대극은 1960년대 이후의 시대 배경을 가진 드라마로 정의한다.[12] 이 같은 구분은 적절하지 않은 듯하다. 왜냐하면 해방 전후부터 1950년대 말까지라는 시대극의 범위가 지나치게 자의적이기 때문이다. '시대극'이란 일본 영화와 드라마에서 사용하는 개념인데 한국 방송 종사자들이 잘못 사용한 것이다.*

* 일본 영화에서 시대극은 처음에 메이지시대(1868~1912)를 배경으로 설정한 영화

역사드라마를 연구하는 학자와 비평가들도 시대극이라는 용어를 사용한다. 텔레비전드라마연구회가 펴낸 『텔레비전 드라마, 역사를 전유하다』에 나오는 역사드라마 목록을 보면, 1960~2000년대 사이 가족사를 다룬 〈에덴의 동쪽〉(2008, MBC)이나 1970년대 서울 강남의 개발사를 배경으로 형제의 복수를 그린 〈자이언트〉(2010, SBS) 같은 작품들은 시대극으로 구분되며 역사드라마에 포함되어 있다.[13] 이 경우 시대극과 현대극 사이의 구분이 애매해진다.

박노현은 역사드라마라는 용어 대신에 시대극을 사용하자고 제안하기도 한다. 그는 텔레비전 드라마 텍스트의 공간을 재현적 공간과 정서적 공간으로 구분하고, 재현적 공간의 경우 동시대극(현재/오늘)과 시대극(과거/미래/가상/환상)으로 나눈다.[14] 그러나 재현적 공간과 정서적 공간은 서로 배타적이지 않기 때문에 그런 구분은 적절하지 않다. 또한 재현적 공간은 시간개념으로, 정서적 공간은 소재 중심으로 구분해서 일관성도 떨어진다. 더욱이 시대극의 정의가 모호한 상태에서 시대극을 역사드라마 범주에 포함한다면, 일제강점기와 한국

를 일컫다가 점차 전국시대, 에도시대, 막부시대 등으로 확대되었고, 일본 근대사를 다룬 영화도 시대극으로 정의되어왔다.(유양근, 「일본 시대극 영화의 현대적 변용: 변주와 수렴」, 『일본학』 41집, 2015) 일본에서 시대극은 현대극과 구분되는 역사영화(드라마)를 의미한다. 그러나 한국 방송계에서는 시대극을 해방 전후부터 1950년대 말까지라는 특정 시기를 배경으로 한 드라마로 편의적으로 사용해왔다.

전쟁이 배경이 되는 〈아씨〉(1970, TBC)나 〈여로〉(1972, KBS) 같은 드라마도 역사드라마의 범주에 포함될 수 있다. 이 경우, 역사드라마의 범주가 너무 포괄적이어서 역사드라마와 멜로드라마 등 다른 드라마 장르들과의 구분이 모호해질 수 있다.

앞서 언급했듯 이 책에서는 고대부터 1950년 한국전쟁 이전까지 배경이 되는 드라마를 역사드라마로 정의한다. 역사적 배경, 사건, 인물이 허구적이거나 불분명하더라도 역사적 배경(공적 맥락)과 개인적 요소 사이의 관계가 인과적으로 설정된다면, 역사 공간의 재현과 공적 의례, 사회적 맥락, 시대 정서를 담고 있다는 점에서 역사드라마로 볼 수 있다. 그런데 이와 같은 역사드라마의 정의에 문제점이 아주 없지는 않다. 현재의 기준으로 두 세대 전인 1950년 한국전쟁 이전까지로 역사드라마의 시대 배경을 설정했기 때문에, 시간이 흐르면 기준이 되는 역사적 시점도 변화될 수밖에 없기 때문이다. 다만 이 책에서는 현재의 시점과 관습에 따라 역사드라마를 정의했다. 이 기준에 맞춰 1964~2018년까지 방송된 총 350편의 역사드라마 목록을 부록으로 만들어 제시했다.

3. 역사 서술 방식

역사드라마의 정의와 더불어 중요한 쟁점은 '어떻게 역사를 서술

하는가' 하는 점이다. 역사가 과거의 사건에 대한 현재적 진술이라고 말할 때, 역사 장르의 핵심적인 논쟁점은 '역사적 개연성(historical probability)'의 문제다. "역사적 개연성이 역사성과 허구성을 포함하는 개념이라면, 이 말은 적어도 둘 사이의 긴장을 최소화하는 이중적 의미를 지닌다. 왜냐하면 역사성과 허구성이 합쳐진 용어가 역사적 개연성이기 때문이다".[15]

역사적 개연성이 갖는 이중성을 고려하면, 역사드라마의 서술 방식은 일반적으로 '역사성'을 강조하는 역사 서술과 '허구성'을 강조하는 역사 서술로 분리될 수 있다. 쇼(Harry E. Shaw)는 역사소설에서 역사적 개연성을 외적 개연성과 내적 개연성으로 구분한다. 외적 개연성은 작품이 표현하는 세계(역사)를 충실하게 그려내는 것이고, 내적 개연성은 작품 자체의 내적 규칙과 패턴에 따라 일관성 있게 사건을 묘사하는 것이다.[16]

그러나 역사적 개연성만으로는 역사 서술 방식을 명확히 구분 짓기 힘들다. 역사 서술 방식과 관련하여 3편의 드라마를 사례로 살펴보자. 첫 번째는 역사 기록에 충실한 〈추동궁마마〉(1983, MBC)이고, 두 번째는 역사적 개연성을 보여주는 〈용의 눈물〉(1996~1998, KBS1)이며, 세 번째는 작가의 상상력이 두드러지는 〈육룡이 나르샤〉(2015, SBS)이다.

세 드라마는 공통적으로 조선 건국 과정에서 이성계의 낙마 사건을 다루고 있는데, 이 사건은 고려 말 이성계와 정몽주의 권력투쟁

중에 일어났기 때문에 매우 중요하다.

〈추동궁마마〉 6회에서

 # 산야

이성계가 피투성이로 쓰러져 있다.

동투 장군

이성계 …… (혼수상태)

동투 장군!

이성계 ……

동투 정신 차리라니까요... 장군!

해설 이성계의 낙마. 참으로 불가사의한 일이었다. 그가 말에 오르면 용마가 나는 것과 같았다. 절벽으로 떨어지는 말의 갈기를 잡아 일으킨 이성계가 낙마를 했으니, 이를 어찌 놀랍다 하지 아니하겠는가.

 # 해주의 객사

이방원이 이성계의 땀을 닦아주고 있다.

이성계 (깨어나듯) 저하는... 세자 저하는 어찌 되었느냐!

이방원 심려마시오소서. 무사히 환궁하실 것이옵니다.

이성계 이런 불충이 있나.

위화도 회군을 단행한 이성계는 개경으로 돌아와서 최영·정몽주 등과 본격적으로 권력투쟁을 하던 중 낙마하여 부상을 입었다. 이성계가 말에서 떨어졌다는 소식을 들은 정몽주 등은 이 기회를 이용해서 이성계를 몰아내고자 자객을 보내려고 했으며, 그와 동시에 이성계 일파인 정도전·남은 등을 쫓아내려 했다. 하지만 정몽주의 계획은 실패했고, 이방원이 정몽주를 죽임으로써 곧바로 고려왕조는 무너졌다.

〈추동궁마마〉는 이성계의 낙마 사건을 기록대로 그려냈다. 기록에 따르면 이성계는 명나라에서 돌아오는 고려의 세자(공양왕의 맏아들, 정성군 왕석)를 맞으러 해주에 갔다가 말에서 떨어지는 사고를 당한다. 〈추동궁마마〉의 해설자는 "절벽으로 떨어지는 말의 갈기를 잡아 일으킨 이성계가 낙마를 했"다는 사실이 놀랍다고만 말한다. 우연한 사고로 본 것이다. 이성계는 낙마로 혼절했다가 깨어나서는 자신이 세자의 환궁을 호위하지 못한 일을 자책한다. 〈추동궁마마〉는 역사 기록에 충실하게 제작되었다.

〈용의 눈물〉 5회와 7회에서

 # 산야

이성계가 쓰러져 있다.

동투 형님! 형님! 동투란이옵니다. 정신차리오소서. 형님!

이성계, 죽은 듯이 전혀 반응이 없다. 선혈이 낭자하다.

이성계 집 안

이방원이 문을 열고 들어오려다 깜짝 놀란다. 이성계가 정정히 앉아 있었던 까닭이다.

이방원 아버님! 어찌해 이런 일을 벌이셨사옵니까?

이성계 시중(정몽주)의 생각과 가는 길이 비록 나와 다르다 하나 그에게 은혜를 내려 나의 사람으로 만들고 싶었기 때문에 이 일을 벌인 것이니라. 나는 그를 새로운 조정에서 중신으로 맞고 싶은 것이니라.[17]

〈용의 눈물〉에는 이성계의 낙마 사건에 대한 작가의 개연적 해석이 추가되어 있다. 작가는 이성계가 말에서 떨어졌다는 사실을 곧이곧대로 받아들일 수 없었던 것 같다. 평생 말을 타고 전투에 이골이 났을 이성계가 실수로 낙마했을 리가 없다는 것이다. 작가의 개연적 해석에 따르면, 이성계의 낙마는 의도적으로 시중 정몽주를 자기편으로 끌어들이기 위한 계략이었다. 작가는 이성계가 정몽주를 진정으로 높이 평가했다고 보는데, 이 점은 이방원이 정몽주를 죽였을 때 진노하는 모습으로 그린 데서 잘 알 수 있다. 작가는 이성계의 낙마 사건을 정도전의 술책으로 해석했다.

이성계에 대한 묘사도 〈추동궁마마〉와 〈용의 눈물〉은 완전히 다르다. 〈추동궁마마〉에서는 이성계가 낙마로 인해 고려의 신하로서 직분을 제대로 수행하지 못했음을 자책하지만, 〈용의 눈물〉에서는 이미 고려를 멸하고 새로운 국가를 세우겠다는 확고한 의지를 갖고 있는 인물로 묘사되었다.

〈육룡이 나르샤〉에서 이성계의 낙마는 우연히 발생한 일이거나 정몽주를 자기편으로 끌어들이려는 의도적인 행위가 아니라, 이성계가 (허구적) 비밀 조직인 무명의 자객 길선미와 결투하려는 순간 권문세력의 자객이 쏜 화살로 일어난 사건이다. 피투성이가 된 이성계는 벽란도에 있는 집에서 간호를 받고 있었는데, 정몽주가 자객을 보내자 이방원은 이성계를 수레에 싣고 도피한다.

〈육룡이 나르샤〉 34회에서

 # 집 안

이방원 서둘러 개경으로 가서야 합니다.

이지란 지금 무리다. 여러 군데 골절이 되었고, 내상을 입으신 것 같다. 회복해야 움직일 수 있을 거구먼.

이방원 이곳에 계시면 위험합니다. 포은(정몽주) 대감이 조준 대감, 남은 장군, 우리 쪽 인사들을 모두 줄포하고 방과 형님을 순금부에서 해임했습니다.

이성계 뭐! 이 존간나 새끼... 나를 일으켜라.(피를 토한다)

 # 산야

이방원 아부지, 힘을 내셔야 합니다. 개경으로 반드시 돌아가야

합니다.

이성계 진정, 포은이 그리했단 말이더냐.

이방원 예, 다 계획된 것 같습니다.

이성계 내가 사냥을 나오기 전날 밤 악몽을 꾸었다. 어떤 자가 칼을 들고 나를 공격했는데 장군인 것 같고 왕인 것도 같았어. 활을 쏘았는데 그 자는 목에 화살이 꽂힌 채로 내 팔다리를 다 잘라버렸어. 그리곤 그 사람이 죽었다… 그 자가 누구일까 생각했는데 이제 와 생각하니 왕건인 것 같더구나. 낙마를 하고 이런 일이 겹친 것이 왕건의 저주인 것 같구나.

〈육룡이 나르샤〉 34회에 나오는 이 장면은 이방원이 이성계의 낙마 소식을 듣고 급히 부상당한 장소인 벽란도에 가서 나누는 대화이다. 고려 조정에서는 이성계의 낙마 사건을 계기로 정도전 등을 유배시키고 이성계 무리를 구속한다. 〈육룡이 나르샤〉는 이성계의 낙마를 자객에 의한 암살 시도 때문에 발생한 사건으로 본다. 이성계는 허구의 비밀 조직인 무명의 자객 길선미와 대결을 앞둔 상황이었다. 중요한 역사적 사건이 완전히 허구적 인물과 연결되고 있다. 더욱이 이성계는 부상당하자 지난밤 꿈속에 왕건이 나타났다는 말을 꺼낸다. 자신이 왕건에게 활을 쏘았고, 목에 화살을 맞은 왕건이 자신의 팔다리를 잘라버렸다는 꿈 얘기다. 작가는 이성계의 꿈까지 묘사한 것이다.

〈육룡이 나르샤〉에서는 이성계가 왕이 되고자 했음을 암시하고 있다. 자신이 고려를 멸망시킬 것이므로 (고려의 상징인) 왕건과 대결한 것이고, 왕건을 활로 쏴 죽였다는 것은 자신이 새로운 나라를 건국하겠다는 뜻으로 이해될 수 있다. 또한 이성계는 정몽주에 대한 존경심조차 없다. 〈육룡이 나르샤〉의 이 장면은 〈추동궁마마〉나 〈용의 눈물〉에서 보이는 외적 개연성이 전혀 없다. 작가의 상상력이 지배적으로 활용되었기 때문이다.

역사드라마의 역사 서술 방식은 [표 1-1]에서 보듯, 역사 기술, 역사 자료, 역사 해석, 작가의 역할, 해설자의 역할, 미적 장치 등에 따라 다섯 가지―기록적, 개연적, 상상적, 전형적, 허구적―로 구분할수 있다.

외적 개연성이 역사적 맥락과 관련되어 있는 것이라면, 역사 기술, 역사 자료, 역사 해석 등은 외적 개연성의 하위 범주다. 역사 서술 방식은 역사적 개연성과 역사적 허구성을 두 축으로 역사적 개연성을 지배적으로 사용하는 방식, 역사적 개연성이 역사적 허구성보다 우위를 점하는 방식, 역사적 허구성을 지배적으로 사용하는 방식, 그리고 역사적 허구성에 의존하는 방식으로 분류된다.

역사드라마에 활용되는 역사 자료와 관련해서는 정사正史 중심, 정사를 활용하되 '기록되지 않은 부분들(dark area)'은 허구적 상상력으로 메우는 방식, 특정 인물이나 큰 사건 일부를 제외하면 야사野史나 허구에 주로 의존하는 방식, 그리고 역사적 배경을 활용하지만 작

[표 1-1] 역사드라마의 역사 서술 방식

서술 방식	기록적 역사 서술	개연적 역사 서술	상상적 역사 서술	전형적 역사 서술	허구적 역사 서술
역사 기술	역사 모방	역사적 개연성 ⊃ 허구성	역사적 개연성 ⊂ 허구성	역사적 진실로서 개연성	개인적 진실로서 허구성
역사 자료	정사正史	정사의 활용	야사	민중사	전설, 설화, 없음
역사 해석	서술과 기록	사건과 인물에 대한 개연성	사건과 인물에 대한 허구성	총체적 해석	규범적 해석
작가의 역할	역사가	역사에 대한 보완자	역사에 대한 배경 설명자	역사적 진실의 전달자	이야기의 전달자
해설자 역할	매우 중요	중요	약간 중요	없음	없거나 약간 중요
주제	민족, 이데올로기	남성성, 민족	인물의 욕망과 사랑	아래로부터의 역사	사랑, 인과응보
미적 장치	연대기적 서술	맥락과 유기적 관계	상상적 관계	총체성	과장과 멜로
대표 드라마	〈풍운〉,〈개국〉, 〈독립문〉, 〈추동궁마마〉	〈용의 눈물〉, 〈태조 왕건〉, 〈정도전〉	〈허준〉,〈대장 금〉,〈뿌리 깊은 나무〉,〈육룡이 나르샤〉	〈토지〉,〈객주〉, 〈천둥소리〉, 〈대망〉	〈전설의 고향〉, 〈춘향전〉, 〈백일의 낭군님〉

가의 허구적 상상력으로 기술되는 방식으로 구분할 수 있다.

역사 해석과 작가의 역할과 관련해서는 역사 기록에 의존하는 서술 방식을 취함으로써 작가의 해석이 낮은 경우, 중요 사건과 인물에 대한 작가의 역사적 해석을 강조하고 역사에 대한 보완적 역할을 작가가 수행하는 경우, 역사적 해석이 중요하지 않고 작가가 역사에 대한 배경 설명자 역할을 하면서 허구적으로 재미있게 설정하는 경우, 그리고 역사적 해석보다 이야기 전달자로서 기능하는 경우로 구분할 수 있다.

역사드라마의 내적 개연성은 일관성 있는 작품 자체의 관습과 미적 특성을 의미한다. 이것은 역사드라마 내에서 해설자(narrator)의 역할, 주제 의식, 미적 장치(서사 전략 포함)로 구분할 수 있다. 해설자의 존재는 역사드라마 장르의 특징 중 하나인데, 제3자의 관점에서 역사 해석이나 사건 설명에 개입한다. 또한 사료와 사료 사이의 공백을 메우는 역할도 담당한다.* 해설자가 서사 전개 과정에 개입하는 정도에 따라서 중요한 역할을 수행하는지, 보완적 역할을 수행하는지, 혹은 해설자 자체가 존재하지 않는지를 구분할 수 있다.

역사드라마의 주제 의식과 미적 장치는 밀접히 연결되어 있기에 배타적으로 구분하기 어렵다. 역사드라마의 주제는 민족의 재창조, 권력 갈등, 인물의 성공과 사랑 등이 지배적이다. 역사드라마의 미적 장치는 연대기적 서술, 맥락과 유기적 관계, 상상적 관계, 총체성, 멜로드라마 형식으로 나눌 수 있다.

〈추동궁마마〉에서 보듯이, '기록적 역사 서술 방식'은 역사드라마 작가가 역사가와 동일한 사건과 인물을 공유한다. 기록적 역사 서

---

* 모든 역사드라마에 해설자가 개입하는 것은 아니다. 역사적 사실에 초점을 맞춘 역사드라마의 경우에 해설자의 개입이 두드러지는 반면, 허구의 역사를 드라마로 그려낸 경우에는 해설자의 개입이 최소화되거나 존재하지 않는다.

술 방식을 취하는 역사드라마는 공적 기록을 따르기 때문에 역사성과 허구성 사이의 갈등이 크지 않다. 역사드라마 작가는 역사적 사건의 외적 현실을 재서술한다는 점에서 역사가의 입장을 따른다.* 역사적 사건의 인과관계는 서사의 기본 플롯으로 구성된다. 서사적 관점에서 보면 이와 같은 역사드라마는 극적 흡입력이 떨어질 수 있다. 역사적 사건이 인과적이라고 하더라도 공식 기록만으로 사건들 간의 관계를 촘촘히 채우기는 어렵기 때문이다. 이 공백을 채워주는 역할을 하는 사람이 해설자다.

'개연적 역사 서술 방식'은 역사드라마가 역사에 대한 보완적 지위를 갖는 것으로 역사 자료를 우선적으로 활용한다. 작가의 상상력은 부족한 역사 자료들을 유기적으로 연결하는 데 개입된다. 드라마는 중요한 사건(중핵)과 작은 사건들(위성)로 구성된다. 개연적 역사 서술 방식은 역사적 사건을 중핵에 놓고 이야기의 중심 고리로 활용하지만 위성의 역할을 하는 작은 사건들은 작가의 상상력으로 채워진다. 〈용의 눈물〉에서 작가의 상상력은 이성계의 낙마 사건에 대해 정몽주를 끌어오기 위한 정도전의 계책으로 풀어낸다. 이성계의 낙마 사건을 우연히 일어난 일이 아닌, 어떤 의도를 지닌 행위로 해석했기 때문이다. 이성계의 낙마 사건은 작가의 상상력이 충분히 개입

---

* 역사드라마가 기록적 역사 서술 방식을 취한다고 하더라도 역사적 개연성이나 허구적 상상력을 완전히 배제하지는 않는다. 우리가 '역사적(historical)'이라고 말하는 것은 정도의 문제이지 사실 그 자체를 의미하는 것은 아니기 때문이다.

할 수 있는 부분이다. 개연적 역사 서술 방식은 현실과 알레고리를 형성하는 경우가 적지 않으며, 역사 자료에 대한 작가의 해석이 드라마에서 중요한 역할을 담당한다.

'상상적 역사 서술 방식'은 역사 자료보다 작가의 허구적 상상력이 지배하는 경우다.* 역사드라마에 자주 등장하는 인물들을 살펴보건대, 이들은 대체로 정사正史에서 간략하게 기술되어 있기 때문에 작가의 허구적 상상력이 이야기 전개에 중요한 역할을 담당한다. 예를 들어, 허준이나 정난정에 대한 정사의 기록은 매우 제한적이기 때문에 역사적 맥락에 대한 기본적인 이해를 바탕으로 작가가 역사드라마를 구성할 수밖에 없다. 몇 개의 중요한 역사적 사건(중핵)을 제외하면 사건의 대부분은 전적으로 작가의 상상력에 의존한다. 〈육룡이 나르샤〉에서 보듯, 이성계가 낙마했다는 사실 그 자체를 제외하면 이야기는 거의 완전한 허구다.

'전형적 역사 서술 방식'은 역사소설의 차용이다. 루카치가 지적하듯, 역사소설은 역사적 분위기의 진실성, 아래로부터의 역사, 총체

---

* 상상적 역사 서술 방식과 허구적 역사 서술 방식의 차이 중 하나는 역사적 사건이 전경(foreground)으로 배치되는가, 혹은 배경(background)으로 배치되는가에 있다. 상상적 역사 서술 방식은 허구적 역사 서술과 달리 과거의 중요한 사건이나 등장인물의 배치가 이야기의 핵심 축이 되지만, 허구적 역사 서술은 역사적 배경만 제시되거나 역사적 사건은 탈락되어 이야기의 전개가 과거 사실과 관계없이 허구적 상상력에 의해 지배된다.

성, 민중 지향성을 지니는데,[18] 전형적 역사 서술 방식의 역사드라마도 이와 같은 특성들을 포함한다. 역사적 진실의 문제를 다루기 때문에 왕이나 권력자로서의 영웅이 아니라 시대 의식을 갖고 있는 일상적 인물(민중)들이 전면에 배치된다. 이런 서술 방식은 주체로서의 역사를 그려냄으로써 한 시대에 대한 파노라마의 관점을 제시한다.

'허구적 역사 서술 방식'은 역사적 사건과 관계없는 이야기의 구성이다. 허구적 인물·사건을 중심으로 구성하기 때문에 역사는 배경으로만 사용될 뿐 이야기의 전개 과정은 허구다. 따라서 역사적 사건들은 이야기에서 탈락된다. 봉건시대 유교 문화의 영향 아래 여인들의 고난과 설움을 다룬 이야기, 고전문학이나 야담野談, 설화, 민담 등을 소재로 한 드라마가 이에 속한다. 수사, 범죄, 협객의 무용담을 담은 드라마도 여기에 포함된다.

DRAMA

2장

역사적 상상력의 코드

TV

역사적 상상력의 코드는 대중문화 현상에서 주목할 만한 특징 중의 하나다. 다양한 역사 장르들은 사실과 허구 사이의 경계선에 서 있으며, 역사적 상상력은 그 사이를 연결시키는 가교다.

　세계적인 베스트셀러 『다빈치 코드』는 마리아 막달레나가 예수의 아내였다는 파격적인 설정으로 화제를 모았다. 시인 롱펠로와 워즈워스 등 실존 인물들이 관련된 살인 사건을 추적하는 『단테 클럽』, 마르크스가 도시의 부랑자로 등장하는 『자본론 범죄』(개정판 『마르크스 죽이기』)에 이르기까지 사실과 허구의 치밀한 구성을 통한 역사 추리소설은 대중소설의 판도를 바꾸고 있다.

　한국 영화에서도 이런 경향은 나타난다. 〈황산벌〉(2003), 〈왕의 남자〉(2005), 〈음란서생〉(2006), 〈불꽃처럼 나비처럼〉(2009), 〈광해, 왕이 된 남자〉(2012), 〈역린〉(2014), 〈남한산성〉(2017) 등은 역사의 권위를 비틀거나 해체하면서 과거를 다시 읽는다.

대중문화에서 역사적 특수성을 강조하는 작가의 시각은 역사적 보편성을 주장하는 역사학자의 시각보다 우위를 점한다. 대중은 역사적 과정이나 진실의 문제보다 역사적 특수성에서 더 재미를 느낀다. 대중서사 작가들은, 역사적 진실은 존재하지 않으며 단지 진실에 대한 해석만이 있을 뿐이라고 말하는 듯하다. 역사적 상상력이 우위를 점하는 시대에는 역사에 방점이 찍히는 '역사'영화나 '역사'드라마가 사라지는 반면, 역사적 특수성과 해석을 강조하는 역사'영화'나 역사'드라마'가 지배한다.

역사'드라마'가 상상력의 코드에 기대어 있다고 하더라도 민족, 주류, 기록의 부분들은 여전히 영향력을 행사한다. 그렇지만 탈민족, 비주류, 상상의 세계를 추구하는 경향도 한층 강하게 나타난다. 역사적 상상력의 코드는 이들 사이에서 위치한다.

1. 민족과 탈민족

역사드라마에서 민족의 재창조는 영원한 화두이다. 역사드라마가 의도하든 의도하지 않든 간에 민족문제는 내재화될 수밖에 없다.

민족 프로젝트는 1960년대 초반부터 근대화와 맞물려 진행되었다. 1960년대 문화 정책은 소극적인 문화재 관리 및 전통문화 보존에 집중되었다. 박정희 정권이 종합적이고 체계적인 역사 정책을 추진하기 시작한 것은 1968년 문화공보부를 발족한 이후였다. 유신체제의 문화 정책은 국난 극복(현충사·칠백의총·낙성대·강화도 등), 민족문화의 복원(경주·추사고택 등), 충효 사상(오죽헌)이라는 세 가지 방향으로 진행되었다. 전재호는 유신체제의 문화 정책으로 군사주의 전통 되살리기(호국 유산의 복원), 영웅사관의 복원(이순신과 세종대왕), 국가주의 전통 되살리기(충효 사상의 부활)를 지적한다.[1]

유신체제의 민족과 역사 프로젝트는 홉스봄(Eric Hobsbawm)의 말을 빌리면 '전통의 이용(invention of tradition)'이다. "일체의 만들어진 전통들에게 역사는 가능한 한 행위를 정당화하는 기제와 집단을 통합하는 접착제로 활용"[2]된다. 국난 극복 드라마(1973~1974)와 민족사관 정립극(1976~1977)은 민족과 역사의 발견이라기보다는 민족과 역사의 활용인 셈이다.

1970년대 문화 정책에 따라 제작된 역사드라마가 계도하는 지점은 명확하다. 고려 말 중국에서 화약 제조법을 들여온 최무선의 일대기를 그린 〈예성강〉(1976, MBC), 조선조 효종 때 북벌계획을 추진한 훈련대장 이완을 극화한 〈사미인곡〉(1976, MBC), 대원군 때 신병기 제조를 중심으로 외세 침략에 저항하는 선각자들의 이야기를 다룬 〈횃불〉(1976, TBC) 등은 호국 유산의 복원이었다. 〈세종대왕〉(1973, KBS), 〈강감찬〉(1973, KBS), 고산자 김정호를 묘사한 〈대동별곡〉(1977, KBS) 등은 영웅 만들기였으며, 신숙주의 일대기를 다룬 〈충의〉(1974,

KBS), 〈신사임당〉(1973, KBS), 〈황희 정승〉(1976, KBS) 등은 충효 사상의 부활이었다.

역사드라마에서 민족의 재창조 경향은 2006년에 고구려 열풍을 일으켰던 〈주몽〉(2006~2007, MBC), 〈연개소문〉(2006~2007, SBS), 〈대조영〉(2006~2007, KBS1)에서 더욱 확실히 드러난다. 〈주몽〉, 〈연개소문〉, 〈대조영〉이 과연 역사적 사실을 제대로 표현했는가라는 질문은 중요하지 않다. 핵심은 역사적 사실의 표현보다 드라마가 방영되던 당시 시점에서 작가의 역사적 상상력이 고구려를 통해 시청자에게 무엇을 보여주고자 했는가에 있다.

〈주몽〉, 〈연개소문〉, 〈대조영〉은 고구려를 통해 강력한 민족주의의 부활을 제시한다. 〈주몽〉의 제작 의도에 따르면 "오늘보다 거대한 고구려를 만난다. 우리 민족이 가장 아름다웠던 시간, 우리 민족이 세계의 중심이었던 시간, 알렉산더, 칭기즈칸 그리고 우리 민족의 주몽, 고조선의 하늘을 되찾고, 고구려의 하늘을 연 개국의 영웅 주몽"이라 했고, 〈연개소문〉의 경우 "고구려는 우리 민족의 저력과 웅지를 잘 대변했던 초강대국 (…) 이 드라마는 연개소문을 중심으로 그가 살았던 세월을 극화하여 우리 민족의 정체성을 확인하고 묻혀 있는 고구려의 역사를 되살리고자 한다"라고 했다. 또한 〈대조영〉은 "대조영과 발해를 그리는 일은 찬란한 한민족의 역사를 복원하는 일임과 동시에 우리에게 역사적 통찰력과 민족의 미래에 대한 새로운 비전을 제시하는 작업이 될 것이다. 대제국 발해를 세운 힘은 여전히 우리 안에 있다"라고 그 기획 의도를 밝혔다.

그러나 역사드라마가 이와 같이 강한 민족주의를 제시하거나 민족 정체성의 회복만을 다루는 것은 아니다. 역사드라마는 역사 속에 위치한 인간의 보편적 문제를 다루면서 탈민족의 경향도 보여준다. 이러한 역사드라마로는 〈대망〉(2002~2003, SBS), 〈다모〉(2003, MBC), 〈추노〉(2010, KBS), 〈짝패〉(2010~2011, MBC) 등을 들 수 있다. 이 작품들은 역사드라마의 흐름에서 주변적 위치를 차지하고 있지만 증가하는 추세이며, 역사를 배경으로 설정했으나 민족을 다루지 않았다는 점에서 이전의 역사드라마들과는 차이를 보인다. 탈민족 역사드라마에 나오는 등장인물들은 대체로 '역사적' 인물들이 아니라 '허구적' 인물들이다. 이들 역사드라마에서 역사는 배경이 될 뿐이며, 역사 그 자체가 중요한 의미를 갖지는 않는다.

〈대망〉은 이전의 역사드라마와 다른 새로운 가능성을 연 작품이었지만 대중의 주목을 받지는 못했다. 〈대망〉은 조선 중기 가상의 역사를 설정하여 정치권력과 경제권력의 유착, 권력을 향한 욕망, 세도가에 휘둘리며 살아가는 민초의 모습을 재영이라는 인물을 통해 그려낸다. 재영은 민중 세력의 전형이지만 그 이상이 되고자 하지는 않기 때문에 중도적 인물로서 중요한 가치를 지닌다. 중도적 인물의 설정은 이전 역사드라마에서 보여주지 못한 새로운 시도였다.

〈다모〉는 조선시대를 배경으로 정치 중심의 왕조사나 사료 중심에서 벗어나 허구적 상상력을 발휘한 작품이었다. 기존 역사드라마의 제작 방식과 달리 사전 제작되었으며, 총 14부로 구성된 비교적 짧은 형식의 드라마였다. 이야기는 회상 장면을 통해 고백적 기억을 재현해나가는 방식이며, 역모 사건과 채옥·성백의 가족 찾기라는 두 가지 중심축으로 전개되었다. 특히 역사 속에서 훼손된 가족의 문제를 중핵으로 다루고 있다. 장성백은 부당한 권력의 희생자로서 새로운 세상을 꿈꾸는 이상적 인물로 그려졌다.

〈추노〉역시 이와 같은 틀에서 크게 벗어나지 않는다. 대길이 여종 언년을 찾아가는 과정과 하층민들이 새로운 세상을 꿈꾸는 과정으로 이야기가 진행된다. 〈추노〉는 병자호란이라는 역사적 시기에 훼손되는 인간 보편성의 문제를 다룬다. 여기서 '계급의 문제'는 표층구조에서 나타난다. 인간의 보편적 가치가 신분제도와 물질 가치에 의해 위협받기 때문이다. 박상완은 〈추노〉의 표층적 의미가 '계층화로 인한 인간성 훼손'이라고 지적한다. 얼굴에 낙인이 찍힌 노비들에서 보듯이, 신분의 계층화와 몸의 계층화는 두드러지고, 양반과 상놈은 철저히 단절된다. 〈추노〉에서 말하고자 하는 사회 인식은 '어떤 기준으로든 인간은 필연적으로 구분된다'는 것이다.[3]

〈추노〉의 인물 설정은 기존 역사드라마에서 보여준 인물들과 달리 다층적이다. 이상사회를 꿈꾸는 인물들과 역사를 초월한 인물들이 흥미롭게 등장한다. 전자의 인물로는 송태하와 업복이를 들 수 있다. 송태하와 업복이는 시대의 혼란으로 인해 노비로 전락한 인물이다. 양반이었던 송태하는 노비가 된 자신의 신분을 인정하지 않는 모습을 보이고, 업복이는 신분제의 모순을 자각한다. 송태하는 신분제를 바꾸지 않으면서 각 계층이 불만 없는 제도 개혁을 꿈꾼다. 반면 업복이는 노비당의 혁명에 참여하지만 양반과 상놈의 신분 구분이 없는 이상사회를 소망한다. 그러나 노비당은 양반과 상놈의 지위를 뒤집어서 양반을 종처럼 부리는 세상을 추구한다.

이대길과 언년은 역사 안에 위치된 인물이라기보다 탈역사적인 인물이다. 대길은 집안 가노의 방화로 멸족하고 혼자 살아남아 추노꾼으로 전락했지만, 역사 밖으로 이탈되어 있는 인물이다. 그는 송태하의 개혁 담론이나 업복이가 느끼는 노비의 애환을 마음으로 받아들이지 않는다. 그가 바라는 것은 오직 언년과 행복하게 안주하는 삶이며, 이를 위해 자신과 시대 상황을 단절시킨다. 대길은 탈역사적이고 냉소적인 인물로, 자신의 사랑만을 추구한다. 이들 외에도 〈추노〉의 등장인물들은 냉혹한 권력욕과 부성애를 보여주는 좌의정 이경식, 노비당에 속해 있으면서 복수에 불타는 초복이, 열등감 속에서 잔혹함을 보여주는 황철웅 등 '인간의 가치'를 다양하게 표상한다.

〈대망〉에서 〈짝패〉에 이르기까지 탈민족을 추구하는 역사드라마들은 인간의 보편적 가치를 주제로 삼는다. 이 드라마들은 과거의 사실로부터 교훈적 가치를 얻어 제시하거나 민족주의의 부활을 꿈꾸는 것을 거부한다. 이런 점에서 이 같은 역사드라마의 이야기는 열린 구조를 향하고 있다. 다시 말해 우리 민족의 역사는 어떠했다고 말해주거나 민족의 가치 또는 성공 신화를 보여줌으로써 닫힌 결말을 이끄는 것과는 다르다. 열린 이야기 구조를 지니고 있기 때문에, 대중은 역사 속의 개인, 인간의 보편적 가치를 성찰할 수 있다.

요컨대 이들 역사드라마는 '변용(variation) 가능성으로서의 역사'를 다룬다. 역사의 시공간이 인간의 보편적 가치를 어떻게 억압하고 있으며, 이것을 극복하기 위해 인간은 어떻게 꿈꾸어야 하는가를 그려내기 때문이다. 그러나 역사드라마의 등장인물들이 꿈꾸었던 세상은 실현되지 않으며, 이들의 꿈은 좌절로 끝난다. 이 좌절은 역설적으로 대중에게 새로운 변용 가능성의 역사를 꿈꾸게 만든다.

2. 주류와 비주류

과거 역사드라마의 등장인물들은 주류의 인물이었다. 주류의 인물은 두 가지 의미를 지닌다. 하나는 강력한 권력을 소유하거나 권력 투쟁의 주체가 되는 인물이며, 다른 하나는 역사에서 영웅으로 등장하는 인물이다.

[표 2-1]은 지난 50여 년 동안 역사드라마의 주인공으로 3번 이상 설정된 인물들이다.* 역사드라마에서는 사실상 주인공이 누구인

---

* 이 통계에서 역사드라마의 주인공은 실존 인물로 한정했으며, 허구적 인물이 주인공인 경우에는 등장 횟수에서 배제했다. 예를 들어 역사드라마의 단골 주인공 격인 춘향은 4번(1967, 1971, 1974, 1984), 일지매는 3번(1993, 2008, 2009), 임격

지 명확히 파악하기가 어렵다. 예를 들어, 이성계가 주인공인 역사드라마에서 이방원도 무시할 수 없는 인물이며, 사도세자를 둘러싼 갈등이 중심 이야기라면 혜경궁 홍씨, 영조, 정조, 사도세자 중 누구 한 사람을 주인공으로 뚜렷이 골라내기가 어렵기 때문이다. 게다가 필자가 모든 역사드라마를 일일이 볼 수 있는 상황도 아니기에, 제목과 내용을 중심으로 주인공이라고 판단되는 인물을 한 명씩 선정했다. 비록 선정의 한계는 분명하지만, 전체적으로 어느 등장인물이 많이 다루어졌는지 윤곽 정도는 파악할 수 있다.

주인공으로 3번 이상 등장한 전체 19명* 중에서 남성이 13명, 여성이 6명이며, 왕족(왕·왕비·대군 등)은 11명, 장군이나 세도가는 6명이고, 의관 1명, 기생 1명이다.** 김유신을 제외하면 모두 조선시대 인물들이다. [표 2-1]에 태종, 단종, 문정왕후, 윤원형, 숙종, 장녹수 등은 주인공으로 제시하지 않았으나 그 비중은 주인공에 비해 결코 낮지 않다. 이성계나 세종이 등장하는 경우 태종(이방원)의 역할은 적지 않으며, 장희빈이 등장할 때 숙종의 역할, 정난정이 등장할 경우 그녀의 남편 윤원형과 문정왕후(중종의 계비, 윤원형의 누나) 역시 매우 중요

정도 3번(1966, 1972, 1996) 등장했지만, [표 2-1]의 계산에는 넣지 않았다.
 * 이완·효종, 영조·정조는 누가 주인공인지 명확하지 않기 때문에 두 인물을 1명의 주인공으로 계산했다.
** 2번 이상 주인공으로 등장한 인물을 포함하면 광개토대왕, 선덕여왕, 장녹수, 인목대비, 김만덕, 김정호, 임상옥, 명성왕후가 추가된다.

[표 2-1] 역사드라마의 등장인물(주인공)

	1960년대	1970년대	1980년대	1990년대	2000년대	2010년대	소계
이성계	1	2	2	1		1	7
세조	3		2	1			6
장희빈		1	1	1	1	1	5
이완·효종	1	3	1				5
흥선대원군	1	2	1	1			5
세종		1	1		1	1	4
연산군	1	2		1			4
정난정	1		2		1		4
혜경궁 홍씨		2	2				4
영조·정조				1	2	1	4
허준		1		2		1	4
김유신	1	1				1	3
인수대비			1			1	3
황진이	1		1		1		3
신사임당	1	1				1	3
이순신	1		1		1		3
광해군			1	1		1	3
홍국영		1		1	1		3
김옥균	1	1		1			3
소계	13	18	16	12	8	9	76

하고, 연산군 시기를 다룰 때 장녹수도 마찬가지다. 허준과 황진이를 제외하면 대부분의 인물은 주류 인물이다.

[표 2-1]에서 쉽게 파악할 수 있는 것은 1960년대(1964~1969)와 1970년대 역사드라마에 주류의 인물이 많이 등장했다는 점이다. 이것은 1960~1970년대에 충의忠義와 효열孝烈을 사회의 지배적 가치로 삼았기 때문에 나타난 현상이기도 하며, 권력투쟁이 극심했던 시기의 왕조들이 지닌 극적 효과가 당시 시대적 분위기와 맞아떨어지면서 드라마 소재로 많이 다루어졌기 때문이기도 하다.

1970년대 18명, 1980년대 16명, 1990년대 12명, 2000년대 8명, 2010년대 9명으로, 영웅적 등장인물은 줄어들고 있다. 물론 2010년대의 경우 2018년까지만 계산에 포함했으므로 9명은 적은 수치가 아니지만, 주류 인물의 성격이 바뀌었다는 점을 주목해야 한다.

예를 들어, 〈대왕 세종〉(2008, KBS2)이나 〈뿌리 깊은 나무〉(2011, SBS)에 나오는 세종은 과거 흔히 묘사되던 모습이나 성격과 다르다. 과거 〈세종대왕〉(1973, KBS)은 국난 극복 드라마였다. 이 드라마가 어떤 내용으로 전개되었는지 자세히 알 수는 없지만, 당시 신문에 소개된 기사를 종합해보면 드라마의 전반부는 세자 책봉과 관련해 양녕대군이 폐세자가 되고 충녕대군(세종)이 왕위에 오르는 과정을 다루고 있으며, 후반부에는 동북 6진 개척과 한글 창제의 과정을 그렸다. 아마도 후반부는 세종대왕의 위민 사상과 완벽한 성군의 모습을 그려냈을 가능성이 매우 높다.

그러나 2011년의 〈뿌리 깊은 나무〉에서 세종은 완벽한 성군이 아니라 끊임없이 고뇌하는 인간이다. 대중이 일반적으로 알고 있는 효성 지극한 성군이자 천재적인 학자 군주도 아니다. 때로는 나약하면서 무기력한 존재이고, 수시로 욕설과 상소리를 내뱉기도 한다. 성군으로서 세종이 고뇌하는 개인이자 '이도'(세종의 이름)로 해체된 것이다. 〈뿌리 깊은 나무〉에서 세종이 왕으로서가 아니라 '이도'라는 이름으로 불린다는 사실은 왕 이전에 한 인간의 모습을 형상화했기 때문이다. 이것은 〈이산〉(2007~2008, MBC)에서 묘사된 정조도 마찬가지다.(드라마 제목인 '이산'은 정조의 이름이다.)

  역사드라마에서 비주류의 인물들은 강한 민족주의나 가부장제와 일정한 거리를 두고 있다. 2000년 이후 역사드라마의 인물로 천민, 서자, 중인 출신이 등장하거나 여성의 중심성이 높아지고 있다. 이것은 '거시기로서의 역사'[4]이기도 하다. 수라간 나인과 의녀(〈대장금〉, 2003, MBC), 화가(〈바람의 화원〉, 2008, SBS), 기생(〈황진이〉, 2006, KBS2), 사기장(〈불의 여신 정이〉, 2013, MBC), 의적(〈짝패〉, 2011, MBC), 내시(〈왕과 나〉, 2007, SBS), 다모나 별순검(〈다모〉, 2003, MBC; 〈별순검〉, 2005, MBC), 무수리(〈동이〉, 2010, MBC), 보부상(〈장사의 신〉, 2015, KBS2) 등 역사의 비주류에 속했던 인물들이 등장한다. 대장금, 신윤복, 김홍도, 황진이 등은 역사적 실존 인물이지만 공식 기록에는 별로 나오지 않는다. 신윤복은 조선의 3대 풍속화가 중 한 명으로 꼽히지만, 언제 죽었는지 조차 기록에 없다.

역사에서 소외된 다양한 직업군이 등장하기 때문에 그들과 관련된 일터와 사람들은 이야기의 배경으로 그려진다. 〈허준〉의 내의원과 의녀들, 〈이산〉과 〈바람의 화원〉의 도화서 화원, 〈왕과 나〉에 나오는 내자원의 내시들, 〈동이〉의 장악원 악사들은 모두 역사의 주변에서 살다가 아무런 흔적도 없이 사라진 사람들이지만, 드라마는 그들이 살아갔던 삶의 방식을 이야기 구조 안으로 끌어온다. 그들은 비천한 삶을 살았으나 영혼의 무게는 역사의 중심에 섰던 사람들과 같다. 이렇듯 다채로운 직업 종사자뿐 아니라 더 나아가 하층민이나 비밀결사도 드라마의 흐름에서 빼놓을 수 없다. 예컨대 〈동이〉에는 천민이나 하층 집단으로 권력에 저항하는 검계가 나오고, 〈뿌리 깊은 나무〉에는 정도전의 이상을 지지하는 밀본이라는 허구의 저항 집단이 등장하며, 〈육룡이 나르샤〉에는 신라시대부터 이어져온 무명이라는 비밀 조직이 나온다.

역사의 비주류로 남아 있었던 여성의 부상도 주목할 만하다. 과거 드라마에서 여성 주인공은 장희빈, 장녹수, 문정왕후, 정난정, 김개시 등과 같은 악녀의 이미지가 지배적이었다. 이들은 목적을 위해서라면 수단과 방법을 가리지 않는 인물로 묘사되었다. 한편, 또 다른 여성 주인공은 이상적 어머니로서 신사임당(〈신사임당〉 1967, 1973, KBS; 〈사임당 빛의 일기〉 2017, SBS)이나 남편에게 헌신하는 아내(〈월산부인〉 1966, KBS; 〈윤지경〉 1974, TBC; 〈옥피리〉 1975, TBC) 등 가부장제 안에 철저히 편입된 인물인 경우가 많았다.

그러나 여성 등장인물의 성격도 바뀌었다. 〈대장금〉은 비주류 여성의 삶을 잘 보여준다. 장금의 인물 형상화는 공적 영역에서 자아를 실현하는 여성의 욕망을 투영시킨 것이다. 장금은 그동안 텔레비전에서 보아왔던 전형적인 여성상과 차이를 보인다. 자기희생적인 여성형도 아니고, 장희빈이나 장녹수와 같은 요부형도 아니다. 김은진은 〈대장금〉에서 새로운 여성 리더십에 주목했고,[5] 이동후는 '여성주의 유대 관계'를 강조했으며,[6] 하효숙은 〈대장금〉이 그동안 위계적으로 구성되어왔던 여성적 가치에 대해 반기를 들면서 새로운 여성사를 꿈꾸게 했다고 말한다.[7] 장금은 요리와 의술을 통해 가부장적 제도를 넘어서서 공적 관계로 나아가며 신분의 장벽을 뛰어넘은 새로운 인물 유형이다.

〈선덕여왕〉(2009, MBC)은 여성 정치인을 다룸으로써 정치의 외각에 존재해왔던 여성의 전형성에서 벗어났다. 여성으로서 선덕이 최고의 통치자가 되는 과정뿐만 아니라, 또 다른 여성 인물로 등장한 미실이 보여주는 탁월한 지략, 감성의 통제, 그리고 카리스마로 남성들의 충성을 얻는 모습은 이전에 찾아볼 수 없었던 새로운 여성의 재현이었다. 국가를 책임지고 자신의 정치철학(민주정치)에 따른 국정 운영과 대의를 추구하는 여성 정치인의 모습은 어떤 정치가가 될 것인가가 핵심적인 관심사일 뿐, 남성인가 여성인가의 성별은 중요한 요인이 아니다.[8]

3. 기록과 상상

2000년대 이후 역사드라마의 특징은 상상적 역사 서술 방식에 있다. 상상적 역사 서술은 역사 재료보다 작가의 허구적 상상력이 지배한다. 역사드라마의 등장인물들이 정사에는 간략하게 기술되어 있기 때문에 작가의 상상력이 이야기 전개에서 중요한 역할을 담당한다. 여기서 '상상적(imaginative)'이라는 말은 '허구적(fictive)'이라는 의미가 아니다. 주요 등장인물은 실존 인물이고 주요 사건들은 역사 기록을 따르지만 대부분의 인물관계와 인물 설정, 그리고 주변 사건들은 기록에 의하지 않고 상상력에 의존하는 것이다.

기록의 역사에서 상상의 역사로 전환을 극명하게 보여주는 작품은 두 편의 〈뿌리 깊은 나무〉이다. 하나는 '조선왕조 500년' 시리즈 2화로 방영된 〈뿌리 깊은 나무〉(1983, MBC)이고, 다른 하나는 세종의 한글 창제 과정을 다룬 〈뿌리 깊은 나무〉(2011, SBS)이다.

1983년 작 〈뿌리 깊은 나무〉는 정사에 기초한 기록적 역사 서술 드라마이다. 작가 신봉승은 "정사를 기초로 한 역사드라마는 문학적 상상력보다 역사적 사실의 고증 문제가 훨씬 중요하다"고 지적하면서 당시 시대를 복원하기 위해 의상 845점, 장신구 3,364점, 소품 18점 등 미술 제작비만 6,000만 원 이상을 사용했다고 밝혔다.[9]

이 드라마는 세종의 연대기로서 첫 회 세종의 즉위식을 시작으로 심온(세종의 장인)의 죽음, 태상왕 태종(총 29회 중 태종은 13회에 승하한다)

과 세종의 관계, 장영실 등용과 업적, 이종무의 대마도 정벌, 다양한 과학기술 발명, 세종과 양녕대군의 관계, 김종서의 여진족 정벌, 훈민정음 창제로 이야기가 전개된다. 이 밖에도 작은 에피소드들로 세종의 『태종실록』 찬람 문제, 빈궁의 거짓 임신과 나인 소쌍과의 동성애, 『삼강행실도』 발간을 기념하여 여든 넘은 노인들을 대궐에 초대한 일 등이 포함되어 있다. 훈민정음 창제와 관련된 에피소드는 마지막 회에 나온다. 여기서 주로 다루었던 내용은 태종과 세종의 관계, 세종과 양녕대군의 관계, 과학기술의 발명, 군사력 강화(왜구·여진족 토벌) 등인데, 장영실과 관련된 내용이 특히 많이 나온다. 하지만 이야기의 중심은 세종이 풍질風疾, 창瘡, 당뇨 등의 질병에 시달렸음에도 몸을 돌보지 않고 민본 정치를 수행해왔다는 치적이다.

2011년에 제작된 〈뿌리 깊은 나무〉는 1983년 작 〈뿌리 깊은 나무〉와 분량이 비슷한 24부작이지만 전혀 다른 관점에서 이야기가 전개된다. 1~4부까지는 영의정 심온의 숙청을 시작으로 태종의 죽음이 그려지고, 5~15부까지는 집현전 학사의 연쇄살인 사건, 밀본 세력의 등장, 그리고 세종의 내적 갈등과 문자를 완성하는 과정이 묘사된다. 16~20부까지는 밀본의 3대 본원인 가리온(정기준)과 세종 사이의 갈등 관계가 주를 이루고 있다. 세종의 명을 받아 광평대군이 새로운 문자로 번역하는 책이 석가의 일대기를 다룬 『석보상절』임을 확인하고 가리온은 광평대군을 살해한다. 20~24부까지의 중심 내용은 세종이 문자를 반포하고, 가리온이 세종을 암살하려 하지만 실패하고 죽음으로써 이야기가 끝난다.

2011년 작 〈뿌리 깊은 나무〉에는 세종대 역사가 대부분 생략되어 있거나 배제되어 있다. 1983년 작품에 주요 이야기로 다루어진 장영실을 통한 과학기술의 발명, 대마도 정벌과 6진 개척 등이 나오지 않으며, 세종이 왕위에 오르기까지의 과정에서 극적 재미를 줄 수 있는 양녕과 충녕(훗날 세종)의 관계, 양녕이 폐세자가 되는 과정도 빠졌다. 또한 태종은 중요 인물이지만 배경으로서 존재한다. 세종이 꿈꾸는 '무武가 아닌 문文으로 움직이는 조선'을 만들기 위한 풍경으로만 태종이 등장하기 때문이다. 태종은 세종으로 하여금 새로운 조선을 만들겠다는 욕망을 심어주는 역할을 할 뿐이다.

『석보상절』이 한글로 찬술된 불경 언해서諺解書라는 것은 역사적 사실이지만, 훈민정음으로 맨 처음 만든 책은 조선왕조의 창업을 노래하고 조상의 성덕을 찬송한 『용비어천가』였다. 그런데 2011년에 제작된 〈뿌리 깊은 나무〉는 이 사실을 바꾸었다. 『석보상절』은 세종의 비이자 수양대군(세조)의 어머니인 소헌왕후가 사망하자 세종이 그녀의 명복을 빌기 위해 석가의 전기를 엮은 책이다. 세종은 광평대군이 아니라 수양대군에게 『석보상절』을 편찬하라고 명했다.

드라마에서 『용비어천가』가 아니라 『석보상절』을 내세운 이유는 한글의 창제 이유와 밀접한 관련이 있다. 『용비어천가』는 한글로 엮인 책이기는 하지만 백성을 위해 편찬되었다기보다는 조선 건국의 사적을 칭송한 송축가로, 왕권의 정통성을 강조했다. 반면, 『석보상절』은 단순히 소헌왕후의 명복을 빌기 위한 데만 있지 않고 백성이 불경을 쉽게 읽도록 하기 위한 목적도 있었다. 한글을 창제한 세종의 의도는 『용비어천가』보다 『석보상절』을 앞세울 때 좀 더 설득력이 있다.

2011년 〈뿌리 깊은 나무〉의 상상력이 극대화된 부분은 정도전의 이상을 지지하는 밀본이라는 가상 집단의 활동과 반촌泮村의 백정 가리온으로 변장한 채 살고 있는 정기준이다. 정인지, 성삼문, 최만리, 박팽년 등 역사적 실존 인물이 등장하지만 이들이 드라마에서 차지하는 비중은 낮은 편이다. 이 드라마는 최만리를 비롯한 사대부들이 아닌 허구적 인물인 정기준을 세종의 한글 창제에 대한 적대 세력으로 설정함으로써 훨씬 더 극적 상황을 연출해냈다. 이 드라마는 또한 허구적 인물인 강채윤과 소이 등이 이야기의 중심에 서 있다. 북방 지역과 반촌에서 힘겨운 시간을 보냈던 강채윤, 실어증에 걸린 소이가 세종이 조선 백성을 위해 글자를 만들고 한글을 반포하는 데 결정적인 역할을 수행했다는 설정도 흥미로운 상상이다.(이와 관련해서는 5장 '3. 〈뿌리 깊은 나무〉의 소이' 편을 참조)

과거 역사드라마는 거의 대부분 조선시대를 배경으로 삼았다. 그러나 2000년대 이후 점차 역사드라마의 시대적 배경은 고려시대, 삼국시대, 고조선까지 확대되고 있다. 상상의 역사를 극단으로 보여준 드라마는 〈태왕사신기〉(2007, MBC)이다. 사실, 정확히 따지면 〈태왕사신기〉는 영화 〈반지의 제왕〉과 같은 판타지의 역사를 그려냈기 때문에 역사드라마로 보기 어려운 면이 있다. 시간과 역사가 의도적으로 탈락되어 있기 때문이다.

〈태왕사신기〉는 신화의 재해석을 통한 판타지의 세계를 보여준다. 고조선과 고구려라는 2000년의 시간적 거리가 접목되어 있다. 〈태왕사신기〉는 담덕이 쥬신의 왕이 되는 과정을 그리고 있는데, 그는 환웅과 단군의 후예가 아니라 환웅의 환생이다. 담덕이 나타날 때까지 세상은 참된 왕을 갖지 못한 시대이기도 하다. 환웅이 세상에 내려오면서 데리고 온 풍백·우사·운사는 신화 시기에서 자연물의 형상으로 그려지고, 웅녀와 호녀는 새오와 가진으로 인물화되어 있다. 담덕이 등장하면서 풍백은 백호, 우사는 현무, 운사는 청룡으로 대체된다. 주작은 변용되어 주작(수지니)과 흑주작(서기하)으로 나뉘어 나타나는데, 신화시대의 새오와 가진이 각각 수지니와 서기하로 바뀐 것이다. 이 같은 설정은 고구려 벽화로부터 나온 상상력의 발현이다. 드라마의 공간이 신화의 공간으로 대체된 것이다.

〈태왕사신기〉는 광개토대왕과 고구려 역사의 핵심 이미지만을 호출했다. 사실에 기초한 권력관계보다는 절대 악惡과의 대결이 갈등의 중심에 있으며, 중원의 사신四神 사상과 단군신화의 삼사三師를 상상력으로 접목하여 새로운 인물로 변형하고 재창조한 것이다. 특히 사신 가운데 주작은 두 여성 인물(서기하와 수지니)로 분화되어 주인공 담덕과 멜로드라마의 구도를 형성하는 판타지 전략을 사용했다.[10]

2008년 작품인 〈바람의 화원〉은 조선 후기의 풍속화가 신윤복이 여성이었다는 상상의 역사를 설정했다. 신윤복의 아버지인 일월당이 음모에 의해 살해되자 신한평은 신윤복을 데려와 아들로 키운다. 신한평은 신윤복을 왕실의 화원으로 만들어 자신의 가문을 빛낼 목적으로 돌본다. 여자는 도화서에 들어갈 수 없고 벼슬도 할 수 없기에, 신윤복은 아들로 자라게 된다. 이에 더해 이 드라마에서 김홍도, 신윤복, 가야금 솜씨가 뛰어난 미모의 기생 정향은 동성애 관계로 묘사된다. 신윤복을 남자로 알고 있기 때문에 정향이 그를 사랑하는 것은 표면상 아무런 문제가 없지만, 신윤복은 자신의 성적 정체성을 알고 있다는 점에서 신윤복과 정향은 가벼운 동성애 관계이다.

김홍도는 신윤복을 보면서 마음이 흔들린다. 하지만 엄격한 유교 사회에서 동성애란 용서받지 못하는 죄다. 정조의 총애를 받는 김홍도는 자신이 남자를 흠모한다는 사실이 발각될 경우 어떤 결과가 초래될지 잘 알고 있다. 시청자의 입장에서 보면 김홍도가 신윤복을 사랑하는 것은 아무 문제가 없다. 신윤복이 여자라는 사실을 알고 있기 때문이다. 다만 〈바람의 화원〉은 세 사람 간 사랑의 동기를 동성애적 욕망이 아닌 서로의 예술 세계에 대한 흠모로 묘사함으로써 동성애 논란을 피해 간다. 즉, 신윤복은 정향의 가야금 솜씨에 빠지고, 정향은 신윤복의 그림 솜씨에 매료되어 서로를 흠모한다. 김홍도와 신윤복의 관계 또한 서로의 예술적 관심으로부터 비롯된다. 신윤복을 여성으로 설정한 것을 두고 역사학자들이 강력히 비판했을 정도로 〈바람의 화원〉은 파격적 상상의 역사를 보여주었다.

상상의 역사는 스펙터클이라는 역사 재현의 요소가 있어 가능했다. 역사 배경이 되는 공간은 화려한 볼거리를 제공하고, 공간뿐만 아니라 전투 장면, 무대장치, 의상, 과거 생활양식 등은 역사드라마의 극적 재미를 증가시킨다.

초기 역사드라마에서 스펙터클과 역사 공간의 재현은 제작상의 이유로 한계가 있었다. 협소한 스튜디오는 무대장치를 제대로 활용하기에 어려움이 따랐고, 야외촬영의 경우 카메라와 녹화 장비의 신속한 이동이 어려웠으며, 가발·의상·장신구·세트 등을 준비하는 데 드는 큰 비용을 감당하지 못했다.

1974년 경기도 용인에 한국민속촌이 개장하고, 1976년 KBS가 여의도 방송센터로 이주하면서 스튜디오 제작은 이전보다 수월해졌다. 1981년 컬러텔레비전 등장 이후에는 스튜디오 바깥 제작도 확대되었다. 역사드라마의 경우 한국민속촌과 고궁을 중심으로 제작되었는데, 일반 서민이나 양반 등의 생활 모습은 한국민속촌에서, 궁궐 풍경은 고궁에서 촬영했다. 1985년 '조선왕조 500년' 시리즈 5화 〈임진왜란〉 편은 주제에 맞춰 대규모 전쟁과 해전海戰 장면을 미니어처를 활용한 특수촬영으로 볼거리를 제공하기도 했다. 그러나 1990년대 이전 역사드라마의 스펙터클은 제한된 영역에서 이루어졌다.

1990년대 중반 〈용의 눈물〉에서 대형 오픈세트가 마련된 이후 역사드라마는 새로운 스펙터클을 제공하면서 대중성을 높여나갔고 미학적 변화를 이끌었다. 특히 〈태조 왕건〉(2000~2002, KBS1) 이후 화

[표 2-2] 역사드라마 오픈세트 투자비 (단위: 억 원)

제목	방송사	방영 기간	지원 지자체	투입 비용		
				지자체	세트 제작비	총제작비
서동요	SBS	2005. 9~2006. 3	충남 부여	60	75	180+
			충남 부여	12	30	
신돈	MBC	2005. 9~2006. 5	경기 용인	49.8	99.6	170+
불멸의 이순신	KBS	2004. 9~2005. 9	전북 부안	50	100	350
해신	KBS	2004. 11~2005. 5	전남 완도	50	80	180
토지	SBS	2004. 11~2005. 5	강원 횡성	36	66	170
			경남 하동	19	70	
상도	MBC	2001. 10~2002. 4	충북 충주	5	N.A.	N.A.
			경북 상주	2	N.A.	
			충남 금산	1.5	N.A.	
태조 왕건	KBS	2000. 4~2002. 2	경북 문경	4.3	59	500
			경북 안동	40	33.5	
			충북 제천	12	40	
대망	SBS	2002. 10~2003. 1	충북 제천	20	20	50

자료: 『미술인협회보』 제6호, 2006. 9. 4. 재구성
N.A. 관련 자료 미확인

려한 오픈세트 제작은 필수 조건이 되었다. 총 제작비 500억 원이 투자된 〈태조 왕건〉의 경우, 지방자치단체의 관광 유치 목적과 맞물리면서 오픈세트 제작비만 132억 5,000만 원이 투입되었다.

〈태조 왕건〉은 문경·제천·안동 세 곳에 왕건·궁예·견훤의 활동

무대인 송악·철원·완산주 시대의 황궁을 재현했다. 〈허준〉은 허준이 유의태의 제자로 의술을 익혔던 산음마을 세트를 의정부에 마련했다. 역사드라마는 역사 공간의 재현뿐만 아니라 생활사나 의상 고증을 통해서도 스펙터클을 제공했다. 〈대장금〉은 궁중 요리와 궁중 여인네들의 생활사를, 〈명성황후〉(2001~2002, KBS2)는 조선 후기 궁중 의상과 궁중 생활사를 통해 사실성과 극적 상상력을 높였다.

　역사드라마에서 화려한 전투 장면은 빼놓을 수 없는 스펙터클의 재미를 선사한다. 〈태조 왕건〉이 궁예의 철원성 공격이라는 화려한 볼거리를 제공한 이후, 적잖은 역사드라마에서 첫 회는 박진감 넘치는 전투 장면으로 시작되는 경향이 있다. 〈불멸의 이순신〉(2004~2005, KBS1)은 왜교 앞바다 해전 장면으로 시작했고, 〈주몽〉은 해모수가 이끄는 고조선 유민들이 한나라 군대와 싸우는 전투 장면으로, 〈연개소문〉은 연개소문과 당태종의 안시성 싸움에서 출발했다. 〈대조영〉도 장쾌한 요동성 방어전으로 그 막을 올렸다. 이 같은 전투 장면은 수십 마리의 말이 흙먼지를 일으키며 달리고 쓰러지며, 창과 칼을 든 장수들은 붉은 피를 토해내면서도 신기에 가까운 용맹을 보여준다. 빗발치는 화살과 숨 막히는 육탄전, 희귀한 고전적인 무기와 펄럭이는 깃발들의 화려함은 장대한 볼거리를 제공한다.

　〈허준〉이나 〈대장금〉 같은 역사드라마는 전쟁 장면이 없는 대신 다른 볼거리를 통해 역사 재현을 시도한다. 예를 들어, 죽음을 맞이한 스승 유의태의 유언에 따라 허준이 스승의 시신을 해부하는 장면은 시청자에게 극적 긴장감을 불러일으키기에 충분했다. 양예수와 유의태가 의술의 경지를 가늠하기 위해 벌이는 '구침지희' 에피소드는 실제 닭에 침을 놓는 모습을 보여줌으로써 특별한 사실성을 선사했다. 조선시대 의녀들의 의상이나 『동의보감』을 통한 의학적 지식 제공은 또 다른 재미를 제공했다.

스펙터클의 역사 공간과 재현은 작가의 이야기 전개, 연출, 시청자의 몰입 등에 중요한 영향을 미친다. 역사 공간이 재현된 화려한 세트는 작가가 상상력을 발휘할 수 있는 공간을 넓혀준다.[11] 작가가 역사적 사실을 넘어선 이야기를 구성해도 이를 충분히 반영한 역사 공간이 재현됨으로써 현실성이 약해지지 않기 때문이다. 고증과 역사 공간의 재현이 섬세하게 이루어짐으로써 이전에 수없이 제기되었던 고증에 대한 비판에서 어느 정도 벗어났고, 역사드라마의 허구성을 상쇄시키는 데도 기여했다. 역사 공간의 재현이 시청자에게 시각적으로 역사성을 높이는 기능을 담당한 덕분이다. 이것은 시청자로 하여금 상상의 역사 안으로 몰입시키는 효과를 낳는다.

DRAMA

3장
역사와 현실의 알레고리

TV

역사는 기억과 망각의 과정 속에서 끊임없이 형성되는 것이 아닐까? 왜냐하면 역사란 과거의 사건에 대한 현재적 진술이기 때문이다. 과거를 현재적으로 진술하는 행위는 언제나 특정 과거에 대한 기억과 망각을 포함한다. 과거에서는 그 이전 과거의 일부를 기억하면서 나머지를 망각하고, 현재에는 과거의 일부를 다시 현재적으로 기억해낸다. 그러므로 역사는 현재와 미래의 삶을 담보로 한 '기억하기'와 현재와 미래를 담보하지 않는 것에 대한 '망각하기'의 과정이다.

　역사에 대한 의례들(rituals)은 '기억하기'의 한 방식이다. 3·1절 행사, 현충일, 광복절 등은 모두 공유된 역사의 기억을 통해 민족(국가)에 대한 일체성 혹은 집단 정체성을 부여한다. 공유된 역사의 기억들이 만들어내는 의례들을 통해 민족의 운명을 기억해내고, 그 운명에 대한 일체성을 보증한다. 이것은 과거에 대한 기록, 역사 서술도 마찬가지다. 과거 사건에 대한 허구적 담론들인 역사 장르도 선택적 기억을 통해 집단 정체성을 표현한다. 과거의 사건은 그 자체로 실재했다는 점에서 사실이지만, 과거에 대한 현재적 진술은 사실에 대한 현재적 선택과 상상의 집합이라는 점에서 하나의 '담론'이다.

양승국은 대중 예술이 역사를 소환·재현하는 세 가지 방식, 즉 ① 사료: 떠다니는 기표들을 통한 재구성, ② 사건: 공존 가능한 계열들의 재구성, ③ 역사학자가 선별해놓은 사건들 중 공존 가능한 시간과 공간의 재구성을 지적한다.[1] 역사 장르의 작가들은 역사학자가 선별해놓은 사건·시간·공간들을 선택적으로 꾸며낼 수밖에 없다.

역사 장르 작가와 역사학자는 역사의 소환 문제로 갈등한다. 작가들이 역사를 소환할 때 어떤 서사 전략으로 재구성할 것인가에 초점을 맞춘다면, 역사학자들은 왜곡된 역사 소환 자체를 비판하기 때문이다. 역사 장르 작가들은 역사 자체보다는 특정 맥락에서 인간 본성을 찾아내고 세계를 재구성하는 이야기, 곧 서술 방식에 관심을 기울인다. 역사의 소환은 현재의 요구로부터 이루어진다는 점에서 당대와 알레고리를 형성한다.

1. 고구려의 소환

2006년 한국 사회에 부상한 문화 현상 가운데 하나는 고구려 열풍이었다. 특히 텔레비전 드라마가 고구려 열풍을 주도했는데, 〈주몽〉(2006~2007, MBC), 〈연개소문〉(2006~2007, SBS), 〈대조영〉(2006~2007, KBS1)이라는 고구려 역사드라마 세 편이 시청자의 관심을 사로잡았다. 텔레비전 드라마 역사에서 고구려가 주요 배경으로 처음 설정된 것은 〈국토만리〉(1964)이지만 옛이야기 수준에서 벗어나지 못했기 때문에 사실상 〈주몽〉이 처음이었다. 조선시대 중심의 역사드라마가 2006년에 갑자기 고구려의 역사를 서술하고 재현한 것이다. 이 시기에는 역사드라마뿐 아니라 교양 프로그램인 〈느낌표: 위대한 유산 74434〉(2006. 9, MBC)도 동북공정의 실태를 다루었고, 〈KBS 스페셜〉은 '동북공정 무엇을 노리는가'(2006. 9. 16)를 방영했으며, 〈SBS 스페셜〉 또한 '잃어버린 역사 연개소문'(2006. 7. 2)을 통해 고구려와 당나라의 전쟁을 재조명했다.

텔레비전에서 일기 시작한 고구려 열풍은 출판, 전시회, 패션, 은행 펀드까지 이어졌다. 이런 흐름은 출판에서 더욱 두드러져, 이즈음 주몽과 연개소문 등 고구려 관련 역사소설들이 출간되었다. 교보문고는 역사소설 코너를 따로 마련하기도 했다. 주몽을 전면에 내세운 역사소설만 해도 2007년 초 6종이 발간되었으며, 어린이 서적과 만화 등 관련 서적까지 합하면 총 20종이 넘었다. 인터넷 쇼핑몰에서 고구려를 검색하면 무려 100여 가지의 상품이 검색되었다. 삼족오 문양을 넣은 티셔츠부터 자동차 시트까지 고구려는 다양하게 상품화되었다. 심지어 한 통신회사는 '씽크 코리아 고구려 요금제'를 출시하기도 했다.

고구려를 테마로 하는 각종 전시회도 열렸다. 성균관대학교 박물관이 주최한 〈집안集安 고구려 유적의 어제와 오늘〉(2006. 9. 22~12. 22)은 중국 지안시集安市에 있는 국내성, 장군총, 태왕릉 등 다양한 고구려 유적들을 1930년대 사진과 현재 사진을 비교해서 전시했다. 충북교육박물관도 2006년 9월부터 4회에 걸쳐 〈동북공정 관련 고구려 특별전〉을 강연과 함께 열었다. 이 밖에 고구려 유적을 둘러보는 여행 상품까지 등장했다.

우리 사회에서 고구려에 대한 관심이 높아진 것은 2003년 후반기에서 2004년 초반기에 중국의 동북공정이 알려지고 고구려 문화유산이 유네스코 세계문화유산에 등재되면서부터이다. 당시 고구려에 대한 국민적 관심은 높았지만 오래 지속되지는 못했다. 그러다가 2006년 세 편의 고구려 역사드라마가 인기를 끌면서 고구려에 대한 관심도 치솟았다. 고구려 열풍은 계속 이어져, [표 3-1]과 [표 3-2]*에서 보는 것처럼 고구려 관련 드라마들이 백제나 신라 관련 드라마를 압도했다.

1974년에 방영된 〈삼국통일〉은 박정희 정권의 민족 이데올로기

---

* [표 3-1]에서 고구려 드라마의 빈도는 고구려 자체가 시대 배경이자 이야기 공간인 것을 계산한 수치이고, [표 3-2]는 고구려와 관련된 역사드라마를 정리한 것이므로 차이가 있다. 〈대조영〉은 발해 건국의 이야기지만 고구려 말이 시대적 배경이므로 [표 3-1]의 통계에 넣었다.

[표 3-1] 삼한·삼국시대 배경 역사드라마

	1960년대	1970년대	1980년대	1990년대	2000년대	2010년대	계
고구려	1				5	2	8
백제	1				1	3	5
신라	3	1			2	2	8
삼한		1		1			2
가야						1	1
계	5	2	0	1	8	8	24

[표 3-2] 고구려 관련 역사드라마

드라마	방송사	방영 시기	기타
국토만리	KBS	1964	최초의 역사드라마
삼국통일	KBS	1974	민족사관 정립극
삼국기	KBS1	1992~1993	대형 세트 제작
주몽	MBC	2006~2007	평균 시청률 49.7%
연개소문	SBS	2006~2007	
대조영	KBS1	2006~2007	고구려 말 발해 건국
태왕사신기	MBC	2007	판타지 역사드라마
바람의 나라	KBS2	2008~2009	김진의 동명 만화를 각색
자명고	SBS	2009	낙랑공주와 호동왕자의 설화에 기반
광개토대왕	KBS1	2011	
칼과 꽃	KBS2	2013	영류왕의 딸 무영과 연개소문의 아들 연충이 사랑에 빠진다는 허구 설정

를 그대로 반영한 드라마로, 삼국시대를 처음 다루었다는 점에서 의의를 갖고 있다. 1992년 KBS1은 〈삼국기〉를 방영했다. 〈삼국기〉는 대형 오픈세트를 제작하여 삼국시대의 통일 과정을 다루었지만, 투자와 의욕에 비해 시청자의 관심을 끄는 데는 실패했다.

고구려가 본격적으로 역사드라마의 배경으로 설정된 것은 2006년부터다. 역사드라마의 경우, 오픈세트 제작 등 사전 준비 기간이 상대적으로 다른 장르의 드라마보다 길기 때문에 이미 2004년 전후에 기획이 이루어졌다고 판단할 수 있다. 중국의 동북공정 실체가 알려지면서 국민적 관심을 끌기 시작한 시점과 비슷하다. 고구려 역사드라마가 중국의 동북공정과 간접적으로 관련되어 있었을 것이라고 추정해볼 수 있다.*

〈주몽〉은 신화와 역사가 뒤섞여 있는 고구려 건국사를 작가의 상상력으로 메워가면서 등장인물을 매력적으로 형상화하고 있는 작품이다. 주몽의 아버지 해모수를 한나라에 저항하는 고조선 유민의 영웅으로 묘사하고, 훗날 주몽의 부인이 되어 고구려 건국의 주역이 되는 소서노를 대상단大商團 연타발의 딸로 그린다. 고조선을 멸망시킨

---

* 〈주몽〉의 제작진이 드라마가 민족주의나 동북공정과 직접 연계되는 것에 부정적 태도를 취했던 반면, 〈연개소문〉의 작가 이환경은 "중국의 동북공정이 이 드라마 한 편으로 무색하게 될 것"이라며 "정부가 외교 마찰을 우려해, 학계가 사료 부족을 이유로 동북공정에 대응하지 않는다면 드라마가 나서야 한다"고 주장했다.(『경향신문』 2006. 7. 3)

한나라 철기군은 마치 유럽의 중세 기사처럼 갑옷과 철제 무기로 무장한다. 금와왕은 유화부인을 궁으로 데려오고, 해모수의 아들 주몽은 금와를 의붓아버지로 삼지만 이복형제에게 미움을 사 궁에서 쫓겨난 뒤 고구려 건국의 길로 들어선다. 이렇듯 중심인물 외의 등장인물 대부분과 인물관계 등이 모두 작가의 상상력으로 채워진다.

작가적 상상력이 가장 매력적으로 발현된 인물은 주몽이라기보다 해모수다. 『삼국유사』나 『삼국사기』에 따르면, 해모수는 하느님의 아들로 유화와 관계하여 주몽을 낳은 신화적 인물이다. 『삼국유사』에는 "하늘에서 다섯 마리의 용이 끄는 수레를 타고 내려온 해모수가 스스로 왕이라 일컬으며 국호를 북부여라 칭했다", "해모수의 아들 해부루가 하느님의 명에 따라 동부여로 도읍을 옮겼다"는 기록이 나온다. 또 『삼국사기』에는 "유화가 말하기를, 여러 동생과 나가 노는데 그때 한 남자가 스스로 천제의 아들 해모수라 하고 나를 웅심산 아래 압록수가의 집으로 꾀어서 사통하고 곧바로 가서는 돌아오지 않았다"라고 기록되어 있다. 이와 같은 신화적 인물 해모수가 드라마 〈주몽〉에서는 한나라에 저항하는 고조선 유민의 영웅으로 그려지면서 주몽이 왜 고구려를 건국해야 하는지에 대한 상상적 정당성을 부여한다.

배선애는 〈주몽〉이 빼어난 이유로 신화를 현실화하는 '서사 전략'을 꼽는다. 이것은 영웅서사의 현재적 재해석, 신화적 인물의 현실성 확보, 판타지 인물의 형상화, 서사의 장르 혼용이다. 더욱이 『삼국유사』와 『삼국사기』에는 주몽이 고구려를 세우는 명분이 드러나지 않았지만, 드라마 〈주몽〉은 건국의 이유를 분명하게 제시했다.[2]

〈주몽〉과 〈대조영〉은 민족 정체성에 대한 상동 관계를 보여준다. 〈주몽〉의 역사 배경은 고조선이 무너지면서 한漢나라의 지배를 받음에 따라 한민족韓民族의 유민들이 방황하던 시기이며, 〈대조영〉의 출발점은 고구려가 무너지면서 당나라의 지배를 받고 망국민이 된 한민족은 유민으로 떠돌던 때다. 주몽과 대조영은 한민족의 정체성이 무너지기 시작했던 시점에서 민족을 되살린 영웅으로 표상된다. 연개소문은 고구려의 멸망에 결정적 책임이 있다기보다 위기의 고구려에서 버팀목 역할을 한 인물이며, 동아시아 영웅으로까지 그려진다.*

〈주몽〉, 〈연개소문〉, 〈대조영〉은 강력한 가부장제를 표현함과 동

---

* 〈연개소문〉 시놉시스에 따르면, 연개소문은 고구려가 망한 후 일본으로 가서 일본 왕이 되는 것이었다(SBS 「내부 자료」). 그러나 드라마가 진행되면서 일본 왕이 된다는 내용은 삭제되었다. 아마도 이것은 연개소문에 대한 역사 왜곡의 비판을 고려했기 때문으로 보인다. 김용만은 〈연개소문〉에 나오는 시간 관계가 잘못되었다고 지적한다.[김용만, 「역사와 고구려 드라마 〈연개소문〉」, 『역사와 고구려·발해 드라마』(고구려연구회 2007 학술세미나 자료집), 2007] 드라마가 수양제를 등장시키기 위해 연개소문의 출생 연도를 591년경으로 크게 올려 설정함으로써 다른 인물들과의 관계는 물론 역사적 사실관계가 왜곡되었다는 것이다. 그는 드라마 전개 과정과 관련해서도 연개소문을 영웅사관에 기반하여 보통 사람과 구별되는 특별한 인물로 설정하고 과거에 대한 막연한 향수 또는 쇼비니즘을 드러냈다며 비판하고, 연태조(연개소문의 아버지)를 제갈량과 같은 인물로 설정한 것도 적절치 않다고 지적했다.

시에 변형된 오이디푸스 콤플렉스를 보여준다. 드라마에서 주몽, 연개소문, 대조영은 모두 출생의 비밀을 갖고 있다. 주몽은 자신의 아버지가 고조선 유민과 다물군을 이끌고 한나라에 맞서 싸운 해모수라는 사실을 모르고, 연개소문도 단지 자신이 고구려인이라는 징표만을 가지고 있을 뿐이다. 대조영 역시 태어나는 순간 제왕지운帝王之運을 뜻하는 유성이 안시성에 떨어졌다는 사실로 인해 출생의 비밀을 안고 살아간다. 이들은 출생의 비밀 속에서 오늘날 상실되고 있는 가부장제를 복원한다.

〈주몽〉에서 해모수는 한민족의 부성애를 보여주는 인물이고, 주몽은 이를 계승한 한민족의 정체성을 표상한다. 드라마 속 연개소문은 안시성 싸움을 승리로 이끄는 남성성이 강한 인물이고, 대조영은 고구려의 정체성을 이어받은 한민족의 상징적 인물이다. 이들은 아버지의 부재(아버지가 존재하지 않는다는 것이 아니라 극복의 대상임을 뜻함) 속에서 또 다른 가부장제를 추구하는 인물들이다.

고구려 역사를 배경으로 하는 이들 드라마는 '제국'의 건설을 제시한다. 제국은 패권주의적 용어다. 1897년 고종이 황제 즉위식을 올린 후 대한제국을 선포하기 이전에 제국은 우리 역사에서 존재하지 않았다. 더욱이 패권주의적인 관점에서 제국은 근대적 민족국가의 영토 분할과 경제권을 전제로 착취와 억압을 자행했던 국가들의 또 다른 용어일 뿐이다. 황제라는 용어도 마찬가지다. "황제라는 칭호는 진나라 시황제가 중국의 전설적인 3황 5제三皇五帝에서 따온 이름으로 진시황제가 처음 쓰기 시작했다. 우리가 한국사를 쓰면서 황제라고 쓰는 것이 중원과 같은 위치를 설정하는 것으로 생각할 수 있는데, 황제는 중원을 위주로 한 국가가 자신의 전설을 바탕으로 만들어낸 칭호이기 때문에 이것은 사대주의 사상에서 온 것이다."[3]

2. 당대의 알레고리

그렇다면 대중은 왜 강한 민족주의를 표현하는 고구려 역사드라마에 열광했을까? 김기봉은 이 질문과 관련해 현실 역사의 결핍과 부재를 보상하고 대체하기 위해서라고 주장한다. 오늘날 현실이 갖는 왜소성과 억압이 대중으로 하여금 영광스러운 과거의 조상에 투사(projection)하게 만든다는 것이다. 그는 역사에 대한 대중의 과도한 관심을 현실의 총체적 위기가 반영된 것으로 파악한다. 한 국가와 민족이 위기 상황에 직면하면 할수록 자기 역사에 대한 관심이 높아지는 경향이 있다. 고구려 역사드라마 열기는 현실 역사만을 분석해서 설명하는 역사학이 대중이 꿈꾸는 역사를 충족시키지 못함으로써 생겨난 병리적 현상이라고 결론짓는다.[4]

대중이 현실을 이해하는 것이 아니라 현실로부터 도피한 결과 나타난 병리적 현상으로 고구려 열풍을 봐야 한다는 주장에는 의문이 들지만, 과잉 민족주의를 넘어 쇼비니즘으로 흐르는 경향이 위험스러운 것만은 명백하다. 민족의 우수성과 자부심을 지나치게 표현하는 것은 새로운 역사를 열어가는 길이 되지 못한다. 민족의 이름하에 타자를 인정하지 않으려는 사회, 우리 민족만 강대하기를 바라는 세계관은 결코 바람직하지 않다.

그러나 다른 한편으로, 고구려 역사드라마에 대한 열풍은 대중의 욕망을 반영하는 것이기도 하다. 이는 현실과 알레고리를 맺고 있다는 점을 의미한다. 부상하는 중국에 대한 불안이 대중의 욕망을 자극하고, 그 욕망은 고구려 민족주의로 표출되었다.

역사드라마는 과거와 당대의 알레고리를 맺고 있다. 역사드라마가 정치 장르로도 불리는 이유가 바로 이로부터 비롯한다. 역사드라마는 다른 드라마 장르에 비해 유달리 정치적 통제와 간섭을 많이 받아왔거나 당대 정치권력의 의도에 따라 기획되기도 했다.

국난 극복 드라마나 민족사관 정립극은 정치적 목적에 따라 만들어진 드라마이고, 1980년에 방영된 〈파천무〉(KBS)는 세조의 왕위 찬탈을 다루고 있다는 이유로 전두환의 신군부 세력에 의해 조기 종용을 강요받아 일찍 끝내기도 했다. 신군부 세력은 자신들의 행위가 세조의 왕위 찬탈로 비쳐질 수 있는 해석을 경계한 것이다. 1979년 12월 12일 신군부 세력은 쿠데타를 일으켜 대통령의 승인 없이 육군참모총장을 체포했고, 최규화 대통령은 이들의 강압으로 육군참모총장의 체포를 사후승인한 뒤 8개월 만에 하야를 결정했다. 신군부 세력은 당시의 사태가 그 드라마를 통해 계유정난과 비교되는 것에 대한 정치적 부담을 느꼈거나 국민들에 의해 그와 유사하게 해석되는 것을 꺼렸다고 볼 수 있다.

1983년에는 〈개국〉과 〈추동궁마마〉가 방영되었다. 두 드라마 모두 이성계의 정치사상, 혁명, 새로운 왕조 건설을 다루었다.* 비슷한 시기에 같은 내용의 드라마가 방영되었다는 점은 여러 가지로 의심을 살 만한 여지를 갖고 있었다. 두 드라마는 1982년에 편성이 결정되었을 것이다. 이때는 제5공화국이 출범한 지 1년이 되는 시점이었다. 신군부 세력은 정권을 잡은 후 새로운 공화국을 출범시키면서, 타락한 고려를 무너뜨리고 새로운 나라를 건설한 이성계 일파와 동일시되기를 기대했던 것 같다. 혹은 국민들이 제5공화국 출범의 정당성을 조선 개국과 같은 맥락 속에서 해석해주기를 희망했는지도 모른다. 두 드라마는 제5공화국의 출범과 직간접적으로 관련을 맺고 있었을 가능성이 매우 높다.

더욱이 기록적 역사 서술 방식은 상상적·허구적 역사 서술 방식

* 정영희는 〈개국〉과 〈추동궁마마〉가 1970년대 목적극의 연장이었다고 말한다. 두 드라마는 모두 이성계의 조선 건국 과정을 다루었는데, 이는 제5공화국 정권의 정치 목적과 부합되기 때문이라는 것이다.(정영희, 『한국 사회의 변화와 텔레비전 드라마』, 커뮤니케이션북스, 2005) 한편 이병훈 감독은 필자와 사석에서 만난 자리에서 〈개국〉과 〈추동궁마마〉에 미친 정치적 영향력은 인정하지만, 두 드라마는 모두 『조선왕조실록』이나 『승정원일기』 등 공인된 역사 기록과 학술 논문을 많이 참고함으로써 고증을 거친 드라마로 제작되었고, 그런 면에서 정사드라마의 모범이었다고 주장한다.

보다 당시 정권의 정당성을 확보하는 데 유리할 수 있다. 이 말이 곧 정치권력에 의해 기록적 역사 서술 방식이 나왔다는 뜻은 결코 아니다. 이성계의 건국 과정을 역사 기록에 따라 그려냈다는 것은 그만큼 역사의 객관성을 강조했다는 의미이고, 이는 어쨌든 결과적으로 당시 정권의 정당화와도 관련되어 있었으리라 추측할 수 있다.

한편, 1990년대 내내 역사드라마는 인기 장르가 아니었다. 〈허준〉 이전에 그나마 성공한 1990년대 역사드라마는 〈장희빈〉(1995, SBS)과 〈용의 눈물〉(1996~1998, KBS1) 정도였다. 〈용의 눈물〉은 애초 100부작으로 '위화도 회군'에서 '조사의趙思義의 난'까지 다룰 기획이었다가 연장을 거듭하여 159부작으로 태종의 전 생애를 추가했고, 1997년 대통령 선거와 맞물리면서 인기를 끌었다.

〈용의 눈물〉 초반부는 조선을 건국한 이성계의 사랑과 눈물에 관한 이야기지만, 내용상의 주축은 신권臣權 정치를 내세운 정도전과 절대왕권을 추구하는 이방원이 정치권력을 장악하기 위해 벌이는 한 판 승부였다. 〈용의 눈물〉의 인기 요소 중 하나는 현실 환기 효과였다. 이방원은 태조가 중전 강비康妃(신덕왕후)의 죽음 이후 병석에 누워 있을 때 간병한다는 명목으로 대궐에 들어와 있다가 정도전의 의표를 찌르는 기습적 반란을 일으켜 순식간에 전권을 장악했는데, 이 과정이 1979년 12월 12일 신군부의 쿠데타를 연상시켰다. 신권주의와 왕권주의의 갈등은 김종필의 내각제(신권주의)와 연결되어 관심을 불러일으켰고, 절대 권력자(이성계)가 아들(이방원)의 문제로 눈물을 홀

리는 장면은 김영삼과 김현철(권력을 휘두르다가 사법 처리를 당한 대통령의 둘째 아들)을 떠올리게 만들었으며, 왕위에 오른 태종 이방원이 누구를 세자로 결정할 것인가 하는 문제(양녕, 효녕, 충녕 대군의 대권 경쟁)는 1997년 12월 대통령 선거 기간과 우연인지 의도적인지 맞물렸다. 〈용의 눈물〉의 주요 이야기 틀은 당시 정치 상황과 유사하게 맞아떨어졌다.

이방원이 2차 왕자의 난에서 승리를 한 후 백마를 타고 병사들이 있는 진영에 나타났는데, 그가 타고 있던 백마에 'DJ'라는 낙인이 새겨져 있었다. 더욱이 하륜이 "천기를 보니 이제 틀림없이 왕세자가 되십니다"라고 이방원에게 말하는 장면은 세간에 논란을 일으키기도 했다. DJ는 당시 김대중 후보의 이니셜이고, 왕세자가 된다는 말은 곧 그가 대통령이 된다는 뜻으로 받아들여질 수 있었기 때문이다. 백마에 찍힌 DJ 낙인은 말이 소속된 목장의 표식이라는 사실이 확인되었지만, 김대중 후보는 이 일을 두고 하늘의 계시라고 말하면서 촬영장을 방문하기도 했다. 이것은 역사드라마의 현실 환기 효과를 잘 보여주는 사례이기도 하다.

IMF 경제 위기 이후 역사드라마는 두 가지 방향에서 현실과 알레고리를 맺었다. 하나는 민족의 재창조였고, 다른 하나는 인물의 성공기였다. 전자를 대표하는 역사드라마는 KBS에서 〈태조 왕건〉 이후 주말에 방영한 대하드라마들이다. 이 시기에 만들어진 대하드라마들은 IMF라는 경제 위기로 무너진 민족적 자존심을 회복하는 데

집중했다. KBS 홈페이지에 게재된 〈태조 왕건〉의 제작 의도는 "다가오는 21세기를 맞아 천 년 전 고려제국이 우리에게 일깨우고 남겨준 민족의 얼과 통일 정신을 되살려 어려움 속에서 약진을 거듭하고 있는 한국사의 오늘에 보다 크고 분명한 주제와 덕목이 무엇인가를 제시하는 것"이었다. 여기에는 강한 남성적 민족주의가 내포되어 있다. 〈태조 왕건〉 등은 경제 위기 속에서 민족과 제국, 그리고 무너진 남성 권력을 회복시키며 인기를 끌었다.

〈허준〉과 〈상도〉와 같은 역사드라마 제작은 경제 위기의 사회적 상황과 무관하지 않다. 이 드라마들은 경제 위기 속에서 무너진 남성의 자존심을 되살리는 역할을 수행했다. 〈허준〉과 〈상도〉의 홈페이지에 밝힌 기획 의도는 이 점을 분명히 말해준다. 경제 위기로 고통을 겪고 희망을 잃어버린 대중에게 성공 신화를 통해 새로운 희망을 제시하고자 한다는 것이다. 더욱이 〈허준〉이 방영되던 무렵에는 의약 분업 문제로 적잖은 사회적 갈등을 겪었다.* 이때 〈허준〉은 의원

---

* 황인성은 〈허준〉이 방영되는 시점에서 경험했던 분열증적 현상들(2000년 제16대 4·13총선 때 정치인들의 혼란스러운 모습 및 의약 분업 시행과 관련해 정계와 의학계가 보여준 파행적 행위들)은 우리 사회가 얼마나 집단 이기주의 사고방식에 감염되어 있는가를 적나라하게 보여주었다고 말한다. 그런데 이 무렵 방영된 〈허준〉이 현실적으로 이루기 힘든 공동체의 회복, 이타주의를 그려냄으로써 대중은 이룰 수 없는 공동체 회복의 욕망을 그 드라마를 통해 충족했다고 지적한다.[황인성, 「드라마 〈허준〉의 장르론적 특징과 대중성에 대하여」, 『드라마 〈허준〉을 다시 읽는다』(한국방송비평회 프로그램 비평토론회 자료집), 2000]

의 길이 무엇인가를 보여주었다. 〈상도〉의 기획 의도는 바람직한 기업인의 표상을 그려내고, 주인공 임상옥을 통해 "재물은 평등하기가 물과 같다"는 상업 철학을 담아내는 것이었다.

역사드라마가 다시 인기를 끌기 시작했던 시점은 1990년대 후반 IMF 외환 위기 사태 직후였다. IMF 경제 위기와 역사드라마의 부상은 우연이라고 보기 어렵다. 드라마의 내재적 변화라는 관점에서 보면, 〈용의 눈물〉은 1990년대 역사드라마의 침체기를 벗어나 전성기로 넘어가는 가교 역할을 담당했다. 〈용의 눈물〉이 과거를 소환하여 당대와의 알레고리를 만들었다면, IMF 경제 위기 이후 역사드라마들은 무너진 민족의 자존심을 회복시키거나 개인의 성공 신화를 통해 위기의 극복이라는 역사 효과를 만들어냈다.

3. 장희빈과 정조의 소환

역사드라마에 소환된 역사 인물 중 주목할 만한 여성 인물로는 장희빈, 정난정, 혜경궁 홍씨, 황진이 등을 들 수 있다. 장희빈은 여성 인물 중에서 시대에 따라 끊임없이 재해석되어온 대표적인 인물이다. 정난정이나 혜경궁 홍씨, 황진이도 자주 등장했지만, 장희빈의 영향력을 넘어서지는 못한다. 장희빈만큼 라디오, 영화, 텔레비전에서 인기 있는 여성 등장인물은 없었다.

텔레비전의 경우만 봐도 장희빈을 아예 제목에 내세운 드라마가 〈장희빈〉(1971~1972, MBC), 〈여인열전—제1화 장희빈〉(1981, MBC), 〈장희빈〉(1995, SBS), 〈장희빈〉(2002~2003, KBS2), 〈장옥정, 사랑에 살다〉(2013, SBS)로, 다섯 번이나 제작되었다.*

장희빈은 1960년 라디오 연속사극으로 방송된 〈장희빈〉[이서구 극본, HLKA(KBS)]을 통해 인기를 끈 이후 영화와 텔레비전에 반복적으로 등장했다. 라디오 드라마 〈장희빈〉은 당시 100만 청취자가 들었다고 광고할 정도로 폭발적인 인기를 끌었다. 이에 힘입어 1961년 김지미 주연의 영화 〈장희빈〉(정창화 감독, 임희재 극본)이 제작되었으며 흥행에 성공했다. 1968년에는 남정임 주연의 〈요화 장희빈〉(임권택 감독, 장천호 극본)이 제작되었다. 두 영화는 각각 임희재와 장천호가 극본을 썼지만, 모두 이서구의 라디오 드라마를 원작으로 각색한 것이다. 1961년의 장희빈에 비해 1968년의 장희빈은 '요화妖花'라는 제목에서 보듯 훨씬 더 악독하게 묘사되었다.

두 영화는 장희빈의 사랑에 초점을 맞추었다. 숙종 시대의 정치 상황인 병자호란 이후 실추된 왕실의 권위, 서인과 남인의 당파 대립 등은 거의 다루어지지 않았다. 두 영화는 숙종을 둘러싸고 장희빈과 인현왕후의 삼각관계에서 장희빈의 질투와 사악한 성품을 그려냈

---

* 〈인현왕후〉(1988, MBC)의 경우에도 인현왕후뿐 아니라 장희빈 또한 주인공으로 보아도 무방하다.

다. 1961년 영화 〈장희빈〉에서 숙종은 인현왕후가 죽자 장희빈이 무당과 함께 저주하는 것을 목격하고 진노한다. 이때 장희빈은 "상감마마. 평생토록 버리지 않으시겠다는 말씀 잊으셨나이까? 소인을 버리실 바에야 차라리 죽음을 내려주시옵소서"라고 읍소한다. 장희빈이 숙종으로부터 자진하라는 교지를 받고 안개 낀 궁으로 천천히 들어가면서 영화는 끝난다. 숙종의 교지를 그대로 받아들인 것이다.

반면, 1968년 영화 속 장희빈은 숙종의 교지를 받자마자 "나보고 자진하라고? 못 죽겠다. 내가 무슨 죄가 있어서 죽는단 말이냐! 내가 죄가 있다면 평생을 두고 오직 상감 한 분만 모시고 사랑한 죄밖에 없다. 사랑이 죄가 되어 죽는다면 어찌 나 혼자 죽는단 말이냐. 상감을 모셔오너라!"라면서 저항한다. 그러나 마지막으로 남기고 싶은 말이 있냐는 질문에 "왕께서 내리신 약사발을 후회 없이 마시고 가노라고" 왕에게 전해달라고 부탁한다. 두 영화에서 장희빈은 사랑과 권력의 축에서 사랑에만 빠진 인물로 등장한다. 장희빈이 사약을 먹고 죽는 장면은 나오지 않는다. 장희빈의 죽음은 생략되어 있다.

텔레비전 드라마 〈장희빈〉(1971~1972, MBC)의 극본도 이서구가 썼다. 첫 텔레비전 드라마 〈장희빈〉은 영상이 남아 있지 않지만 질투의 화신이면서 사악한 여인으로 그려졌음이 분명하다. 아마도 이서구는 라디오나 영화에서보다 더 악독하게 장희빈을 그려냈을 것이다. 〈장희빈〉이 방영되던 기간에 불쌍한 인현왕후를 구하려는 시청자들의 해프닝도 있었다. 악녀 장희빈의 모함으로 착한 인현왕후가 내쫓길 상황에 이르자 시청자들은 전화와 편지로 방송국에 강력히 항의했다. 결국 작가는 이야기를 일부 변경했고, 인현왕후는 원래 드라마의 회차분보다 한 달이나 늦게 궐문을 나갔다. 이 드라마에서 장희빈은 그녀를 둘러싼 숙종 시기의 정치적 맥락이 전혀 고려되지 않은 채 오직 숙종의 사랑만 갈구하며 질투와 욕심에 사로잡힌 '악독한 요화'로 그려졌을 뿐이다.

장희빈이 초기의 영화 속 인물과 다르게 묘사되기 시작한 것은 〈여인열전 — 제1화 장희빈〉(1981, MBC)부터다. 이 드라마는 장희빈과 인현왕후의 운명을 정치 세력과 연관 지어 묘사했다. 남인의 지지를 받는 장희빈과 서인의 지지를 받는 인현왕후는 권력투쟁의 중심에서 경쟁했다. 김아네스는 1980년대 장희빈은 권력투쟁의 희생양으로 그려졌다고 지적한다. 장희빈에 대한 인물 묘사가 사랑의 중심에서 권력의 중심으로 바뀌었다는 말이다. 또한 1995년과 2002~2003년의 드라마에서 장희빈은 '신분 상승을 꿈꾸는 여인'이었다고 말한다.[5] 즉, 능동적으로 삶을 개척하는 모습으로 변한 것이다. 장희빈이 궁녀가 된 이유는 중인 신분의 제약에서 벗어나기 위한 것으로 설정되어 있다. 장희빈은 신분의 한恨 때문에 권력에 집착했던 것이지, 선천적으로 성품이 악독한 것은 아니었다는 해석이다.

1995년의 〈장희빈〉은 중인 신분으로 운명을 개척한 인물이라는 점을 강조하면서 매혹적인 여성 이미지를 더한 뒤 숙종과의 사랑을 끌어들였다. 마지막 회에서 해설자는 "장희빈과 인현왕후. 두 사람은 당쟁을 배경으로 숙종이라는 한 남성을 놓고 사랑을 다투었다. 그 때문에 목숨을 잃은 똑같은 비극의 주인공들이다. 장희빈이 미워할 수 없는 영리하고 귀여운 여인이라면, 인현왕후는 향기 그윽한 여인이었다"라고 정의한다. 2002~2003년의 〈장희빈〉에서도 부유한 중인 출신 장현의 딸로서 자신의 운명을 개척한 여성으로 그려졌으나 드라마 후반부에 이르러서는 예전의 사악한 이미지로 되돌아갔다.

〈장옥정, 사랑에 살다〉는 이전 장희빈의 이미지와는 매우 다르다. 우선 제목을 그녀의 이름인 장옥정으로 내세운 것을 보면, 정치권력 속에 놓여 있는 희빈 장씨가 아니라 한 여성으로서 장옥정을 다루겠다는 뜻으로 이해할 수 있다. 장옥정은 왕실의 옷이나 이불을 만드는 침방 나인으로 궁궐 생활을 시작하는데, 뛰어난 패션 감각과 재능을 가지고 있는 패션 디자이너이다. 〈장옥정, 사랑에 살다〉는 패션 디자이너로서의 성공기와 숙종과의 사랑이라는 두 개의 이야기로 전개되었다. 장옥정이 사약을 받는 장면도 이전 드라마들과는 사뭇 다르다. 그녀는 "전하... 이리 전하의 품에서 마지막을 보낼 수 있어서 기쁩니다. 이 장옥정, 전하와의 사랑을 지키기 위해서 이렇게 돌아왔습니다"라고 말한다. 숙종 역시 죽어가는 장옥정을 끌어안으며 사랑했다고 울부짖는다. 〈장옥정, 사랑에 살다〉는 이전에 만들어졌던 네 편의 〈장희빈〉에 그려진 장희빈과 숙종의 사랑을 끌어오면서 패션 디자이너로서 인생을 개척하는 여성 이미지를 결합했다.

장희빈의 소환은 텍스트 내재적 변화의 결과이면서 시대에 따른 재해석이기도 하다. 우선 텍스트 내재적 변화는 1960~1970년대 라디오·영화·텔레비전을 통해 장희빈이 '사악한 요화' 이미지로 고정되었다가 이후 점차 맥락 중심으로 이야기 전개가 바뀌면서 '권력의 희생양'으로 재해석되었다. 1990년대 이후에는 중인 신분을 극복하는 인물로, 2013년에는 패션 디자이너로 파격적 설정이 이루어지고 동시에 운명적 사랑의 인물로 재소환되었다. 이와 함께 여성에 대한 인식의 변화는 장희빈을 선과 악의 이분법적 관점이 아닌, 인생을 개척해가면서 신분의 한계를 극복하는 인물로 이끌었다.

역사드라마에서 장희빈이 대표적인 여성 인물이라면, 남성 인물로는 이성계(태조), 이방원(태종), 세종, 정조, 허준 등이 있다. 이성계와 이방원의 경우는 대체로 대통령 선거가 있거나 권력 변화 시기에 드라마로 제작되는 경우가 적지 않았다. 이에 비해 정조는 2000년 이후 드라마와 영화에서 급부상한 인물이다. 정조는 장희빈과 다른 차원에서 소환되었다. 장희빈이 일정한 기간에 걸쳐 재해석되어왔다면, 정조는 특정 시기에 집중적으로 소환되었기 때문이다. 이것은 정조가 특정 시대의 현실 정치와 밀접한 관계가 있음을 의미한다.

정조가 대중문화 텍스트에서 급부상한 것은 2007년 전후다. 물론 이전에도 정조 시대를 다룬 역사드라마들이 있었다. 그렇지만 국왕으로서 정조를 온전히 다룬 것이 아니라 영조, 사도세자, 혜경궁 홍씨 등과의 관계 속에서 그려졌다. 그러다가 2007년 전후부터 고뇌하는 왕 또는 개혁 군주로서 정조가 소환되었다. 이를 대표하는 역사드라마는 〈한성별곡—正〉(2007, KBS2), 〈이산〉(2007~2008, MBC), 〈정조 암살미스터리—8일〉(2007, CGV), 〈바람의 화원〉(2008, SBS), 〈성균관 스캔들〉(2010, KBS2), 〈무사 백동수〉(2011, SBS), 〈비밀의 문: 의궤 살인 사건〉(2014, SBS) 등이다. 2000년 이후에 제작된 역사드라마에서 정조 시대가 배경이 된 것은 총 10편인데, 이는 조선시대 어느 왕보다 가장 많은 등장 횟수이다.

텔레비전 역사드라마에만 정조 시대가 등장한 것은 아니다. 〈미인도〉(2008), 〈조선명탐정: 각시투구꽃의 비밀〉(2011), 〈바람과 함께 사라지다〉(2012), 〈역린〉(2014), 〈사도〉(2015) 등 정조와 직간접적으로 관련된 영화도 제작되었다. 출판 쪽에서는 정조 시대의 현재적 의미를 재조명하는 역사학계의 저작(『정조의 생각』, 2011; 『정조와 18세기』, 2013 등)이 나왔고, 소설 분야에서도 김탁환의 정조 시대 3부작이 출간되었으며, 이덕일 등이 정조를 끌어들였다. 정조 신드롬은 대중문화 전반에 걸쳐 나타났다. 역사 허구물뿐만 아니라 시사·교양 프로그램인 〈역사저널 그날〉(KBS1)에서는 정조 시대를 총 여덟 번 방영했는데, 이 가운데 정조와 직접적 연관성이 있는 것은 다섯 번이었다.* 또한

---

* 이종수의 조사에 따르면, 〈정조—죄인의 아들, 왕이 되다〉(1회), 〈정조 최후의 날—죽음을 둘러싼 미스터리〉(2회), 〈아바마마, 소자의 죽을죄가 무엇입니까—사도세자〉(61회), 〈조선의 다빈치 정약용, 정조를 만나다〉(71회), 〈정조, 소상인들의 눈물을 닦아주다〉(74회) 등이다.(이종수, 「역사 토크쇼의 장르 혼종화」, 『한국언론학보』 60권 3호, 2016)

3부작 다큐멘터리 〈의궤 8일 간의 축제〉(2013, KBS1)는 정조의 수원 행차 8일간의 기록을 미시적 관점에서 재현해냈다.

왜 갑자기 정조가 소환되었는가? 정조는 할아버지(영조)에게 죽임을 당한 비극적 아버지(사도세자)를 두었고, 재위 시 개혁 문제로 고뇌에 찬 나날을 보냈으며, 반대파의 공격과 암살 위협을 받았을 뿐만 아니라 죽음의 미스터리에 둘러싸여 있는 등 다양한 소재거리를 지닌 인물이다. 더욱이 정조는 개혁과 보수의 갈등 속에 위치된 군주이기도 하다. 〈한성별곡―正〉에서 정조는 배경 인물로 등장하지만 〈이산〉에서는 주인공이며 그의 정치가 직접적으로 다루어진다.

이기형은 새롭게 진화하는 역사드라마의 방향성으로 '내면 풍경의 변화'를 지적한다.[6] 이것은 과거 역사드라마에서 정사의 전형성이나 탈인격화된 존재로 왕을 그리는 데서 탈피하여 한 인간에 대한 탐구와 그의 내면에 있는 갈등과 번민을 다루는 경향이다. 역사드라마는 거대 담론에서 벗어나 인물의 사적인 부분과 내면을 부각하는 방향으로 진화하고 있다. 이런 맥락에서 보면, 정조는 다른 어느 국왕보다 태생적으로 복잡한 내면 풍경의 변화를 많이 지니고 있는 인물이다.

〈한성별곡―正〉은 정조 시대의 풍경을 바탕에 깔고 전경에서는 도성과 그 인근에서 끊임없이 발생하는 의문의 죽음을 다룬다. 그 의문의 죽음들은 정경유착을 일삼으며 개혁에 반대하는 육의전 세력 및 기득권을 빼앗기지 않기 위해 임금의 목숨을 노리는 벽파 세력과 연결되어 있다. 죽음의 미스터리를 풀어가는 서얼 출신의 하급 무관 박상규, 중인 출신으로 살주계주에서 시전 행수로 탈바꿈하며 칼보다 돈의 중요성을 깨닫는 양만오, 몰락한 양반 출신으로 관비에서 의녀가 되는 이나영의 삶은 운명적으로 서로 얽혀 있다. 전면에 드러나는 이야기 구조는 살인 사건을 둘러싼 배후 세력을 파헤치면서, 개혁에 반대하는 기득권 세력과 정조의 대립을 그리고 있지만, 실상 〈한성별곡―正〉이 말하고자 했던 것은 정의의 문제였다. 드라마는 정의롭지 못한 현실을 환기시킨다.

〈한성별곡―正〉은 정치적 의도를 극명하게 표출하기도 했다. 정조가 저항하는 관료들과 중신들에게 "언로를 넓히고 직언을 자유롭게 하도록 했더니... 이쯤 되면 막 가자는 게로구나"라고 일갈하는 드라마 트레일러 속 대사는 노무현 대통령의 발언을 연상시킴으로써 논란이 되었다. 결국 제작진은 재편집을 통해 이 대사를 삭제했다.[7]

2007년을 전후한 시기에 정조의 부상은 노무현 현상과 밀접하게 연결되어 있다. 경장更張 추진과 실패, 야사로 전하는 정조의 독살 등은 당시 개혁을 두고 보수와 진보 세력 간에 벌어진 치열한 정쟁 및 대통령 탄핵을 통해 개혁 정치를 밀어내려고 했던 보수파의 공격 등 현실 정치와 비교되어 환기력을 높였다. 이는 단순히 정조가 노무현의 은유였다고 말하는 것이 아니다. 당시 정치 환경과 좌절에 대한 대중적 공감이 정조 신드롬으로 나타났다고 볼 수 있다.

윤석진은 역사드라마에서 인물의 소환이 얼마나 당대 정치 현실과 타협하고 있는가를 흥미롭게 비판한다. 그에 따르면 노무현 정부에서 이명박 정부로 교체되던 시기에 〈이산〉이 방영되면서 정치 상황에 의해 극적 상황과 캐릭터가 변화되었다는 것이다. 〈이산〉이 방영되던 초창기에는 개혁 정치에 대한 열망은 높았으나 강력한 보수 정파의 공세를 받아 개혁의 꿈이 좌절된 정조를 보면서 집권 후반기의 노무현 대통령을 연상케 했다. 그러나 실상 〈이산〉은 정조의 '개혁'보다는 반대 세력의 '음모'에 초점을 맞추었다. 개혁 군주 정조의 인간적인 면모를 강조해 드러내겠다는 기획 의도와 달리 〈이산〉은 세손(정조)을 음해하려는 노론 벽파의 음모론에 집중했다.

2007년 말 대통령 선거에서 이명박 후보가 대통령에 당선되어 '작고 효율적인 정부'를 표방하자 〈이산〉은 이에 부응하는 듯한 이야기를 넣었다. 관료 수가 지나치게 많아 조정이 방만하게 운영된다는 이유로 관제와 조직을 대폭 축소하여 유사한 기능을 통폐합하고 직제 간의 상호 교류를 넓힌다는 정책을 이야기 속에 끼워 넣었다. 이것은 이명박 정부가 내세운 정부 조직 개편을 그대로 연상시켰다.[8] 윤석진은 〈이산〉이 정권 교체기의 현실 정치에 영합하는 정치적 성향을 드러냈다고 비판한다.

특정 역사 인물이 드라마 속으로 소환되어 현실과 알레고리를 맺을 때, 그것이 현실 정치와의 야합인지, 아니면 역사를 통한 현실의 재해석인지 명확히 판단하기란 쉽지 않다. 그러나 현실과 알레고리가 맺어질수록 대중적 인기가 높아지는 경향은 명백하다.

DRAMA

4장
〈미스터 션샤인〉의 역사 소환과 재현 전략

TV

역사드라마는 '기술記述된 상상의 역사'다. 작가는 사실로서의 역사와 역사가가 구성해놓은 사건들 중에서 공존 가능한 것들을 재구성한다. 역사가의 역할이 남아 있는 흔적들을 수집해서 짜맞추어 사라진 것들을 구성하고 해석하는 데 있다면, 작가의 역할은 구성된 역사의 흔적들(사건과 인물 등) 가운데 필요하다고 판단되는 것을 선택하여 상상적으로 역사적 허구물을 만들어내는 데 있다.

작가가 특정 역사 사건, 흔적, 인물들을 선별하고 꾸며내는 것은 늘 논쟁을 야기한다. 이 논쟁은 역사가와 작가, 그리고 작가(작품)와 대중(수용) 사이에서 발생한다. 2018년* 인기를 끈 역사드라마 〈미

---

* 2018년에는 지상파 텔레비전에서 역사드라마가 한 편도 편성되지 않았다. 이것은 1964년 역사드라마가 최초로 방송된 이후 처음 있는 일이었다.

스터 션샤인〉(tvN, 김은숙 극본, 이응복 연출)도 예외는 아니었다. 한 역사가는 언론 인터뷰에서 신미양요(1871) 이전 미국인은 조선 땅에 들어와 있지 않았다고 했으며,[1] 또 다른 역사가는 미 해병대 대위가 공사 대리로 근무한다는 설정 자체가 불가능할뿐더러 구한말 한미 관계를 심각하게 왜곡하고 있다고 지적했다.[2] 청와대 국민청원 게시판에는 "드라마 〈미스터 션샤인〉과 같은 역사 왜곡 드라마/영화에 대해 강력히 조치해주십시오"(2018. 7. 16. 청원 / 8. 15. 마감)라는 글이 올라왔고, 이 청원에 28,481명이 동의했다. 인기 역사드라마가 방영될 때마다 이와 같은 일들은 반복되어왔다.

드라마의 관점에서 보면 역사드라마의 논점은 사실의 고증이나 역사 왜곡에 있다기보다 작가가 어떤 역사의 파편들을 끄집어내어 시대를 재구성하는가에 있다. 드라마로서 '기술된 상상의 역사'는 사료들 가운데 선택된 사건들을 취합해 재배열하고, 개연적이거나 허구적인 사건을 계열화한다. 이 점은 역사드라마에서 가장 중요하고 흥미로운 영역이 역사의 소환과 재현 방식이라는 것을 의미한다.

소환이 작가에 의해 선택되고 재배열되는 사건과 인물이라면, 재현은 드라마의 시공간 속에서 역사가 표현되는 방식이다. 역사의 소환과 재현은 분리된 것이 아니며, 사건의 행위자인 인물을 통해서 표현된다. 인물들은 재배열된 역사적·허구적 맥락 속에서 시대 의식을 내면화하고, 대중은 그것을 통해 과거를 새롭게 해석한다. 4장에서는 〈미스터 션샤인〉의 사례를 통해 역사드라마가 역사를 소환하고 재현하는 전략을 분석할 것이다.

1. 역사의 전경화

〈미스터 션샤인〉은 1~2회에 걸쳐 1871년 신미양요, 1875년 운요호 사건, 1898년 미국-스페인 전쟁이라는 세 가지 역사적 사건과 22회에서 1907년(정미년) 남대문 전투를 펼쳐 보인다.

1871년 신미양요는 〈미스터 션샤인〉에서 전경이 되는 역사적 사건이다. 1871년 6월 10일 450명의 미군은 강화도 초지진에 포격을 가하면서 상륙했고, 6월 11일 덕진진을 점령한 후 가장 중요한 요새인 광성보를 공격했다. 광성보에는 조선군을 이끄는 어재연과 호랑이 사냥꾼이 포함된 병사 1,000여 명이 있었다. 미군은 광성보 공격에 앞서 2시간 동안 포탄을 퍼부었다. 역사 기록에 따르면 광성보 전투는 일방적이고 처참한 전쟁이었다. 미군은 단 3명이 전사하고 10명이 부상했지만, 조선군은 광성보에서만 지휘관 어재연을 비롯하여 350여 명이 전사하고 20여 명이 포로로 잡혔다. 미군은 광성보를 점령한 후 조선군의 수자기帥字旗를 내리고 상징적으로 성조기를 계양했다.[3]

〈미스터 션샤인〉은 광성보 전투를 사실적으로 그려냈다. 역사의 사실성은 당시 전투에 참여했던 미군 지휘관과 병사들의 기록, 종군

사진가가 찍은 기록사진들을 토대로 구성되었다. 광성보 전투에 대한 증언자는 미군이었다. 드라마에서는 누구의 내레이션인지 밝히지 않았지만 실제 전투에 참여했던 한 미군 지휘관의 증언이었다.*

> 적군은 참패의 와중에서도 물러서지 않고 결사 항전 중이다. 패
> 배가 빤히 보이는 상황에서 단 한 명의 탈영병도 없다. 아군이 압
> 도적인 전력으로 몰아붙임에도 불구하고 적군은 장군의 깃발 수
> 자기 아래 일어서고 또 일어선다. 창과 칼이 부러진 자는 돌을 던
> 지거나 흙을 뿌려 저항한다. 이토록 처참하고 무섭도록 구슬픈
> 전투는 처음이다.　　　　　　　　　　　　　　　　　　　—1회.

신미양요 때 미국인 종군사진가(펠리스 비토Felice Beato로 추정)는 50여 점의 사진을 찍었다. 외국인에 의해 조선 땅에서 조선인이 촬영된 최초의 사진이자, 미국 측으로서도 해외에서 전투 장면을 기록한 최초의 사진이었다.[4] 특히 광성보를 점령한 미군들이 조선의 수자기를 배경으로 찍은 사진이 널리 알려져 있는데 이를 재현한 장면은 〈미스터 션샤인〉에 나오지 않지만, 그 밖에 광성보 전투 후 미군들의 기념사진(그림 4-1) 참고), 강화도 전경, 미군의 폭격으로 전사한 조선

---

* 내레이션의 실제 주인공은 신미양요 때 참전한 슐레이(W. S. Schley) 대령인 듯하고, 드라마 속 진술은 당시 기록을 토대로 구성되었다.

[그림 4-1] 신미양요 때 미군의 기념사진(1871년 6월 콜로라도 호의 장교들)

군의 참혹한 모습은 드라마에서 유사하게 재현되었다(그림 4-2] 참고).

송영 조선군 243인 전사, 100인 익사, 어재연 장군 또한 전투 중
전사하였다 하옵니다... 포로로 잡힌 자가 스물 남짓이랍니다.
대원군 포로로 잡힌 자들은 임무를 다하지 못하고 살아남아 그리
되었으니 비겁한 자들이다. 조선의 조정은 그들을 환영치 않으니
돌아오지 말라 기별하라.   ─1회.

실제로 미군 측이 포로로 잡은 자들을 데려가라고 조선 조정에
통보했을 때, 당시 부평도호부사 이기조는 포로를 살리거나 죽이는
일은 미군의 권한이라고 말하면서 인수를 거절했다. 드라마는 증언

[그림 4-2] 〈미스터 션샤인〉에서 전투(신미양요)를 끝낸 미군들이 기념사진을 찍는 장면

과 기록이라는 객관적 사료를 바탕으로 신미양요를 그려냈다.

〈미스터 션샤인〉은 1875년 운요호 사건도 다루었다. 1875년 9월 20일 운요호의 일본군은 강화도 초지진과 영종도에 상륙한 후 살육 행위를 저질렀다. 일본군은 단지 2명이 부상을 입은 데 그쳤지만, 조선인은 35명이 전사하고 16명이 포로가 되었다. 화력 차이가 너무 커서 전쟁이라고 말할 수도 없는 사건이었다. 이 드라마에서 1875년은 개연적 사건(이완익과 이토 히로부미의 만남), 허구적 사건(의병의 암살 계획), 실제 사건(운요호 사건)으로 구성되어 있는데, 운요호 사건은 개연적 사건과 허구적 사건에 역사성을 부여한다.

〈미스터 션샤인〉 2회에는 1898년 미국-스페인 전쟁과 1901년 시어도어 루스벨트 대통령이 등장한다. 미국은 스페인과 싸워 승리

[그림 4-3] 1907년 양평 의병

함으로써 푸에르토리코, 괌, 필리핀, 쿠바를 획득했다(전쟁이 끝난 뒤 쿠바에는 미군정이 실시되었다가 1899년 독립정부가 설립되었다). 신미양요 때 미국으로 간 유진 초이는 미국-스페인 전쟁에 참여하여 공훈을 세우고 미국인으로서의 정체성을 갖는다. 1901년 시어도어 루스벨트 대통령은 유진 초이와 카일 무어에게 조선으로 갈 것을 명령한다.

22회에서는 1907년에 일어났던 다양한 역사적 사건들(헤이그 밀사 사건, 『국민신보』 습격 사건, 고종 퇴위, 군대해산 등)을 보여준다. 특히 중요하게 다루어진 사건은 8월 1일 군대해산을 둘러싸고 일본군과 대한제국 군대 간에 벌어졌던 전투다. 역사적으로 보면 이 전투는 임진왜란 이후 서울에서 벌어진 외국 군대와의 첫 전쟁이었다. 시위대(경운궁 경호 부대) 대대장 박승환 참령이 자결을 하면서 대한제국 군대와

[그림 4-4] 〈미스터 션샤인〉의 의병 장면

일본군 사이에 전투가 벌어졌는데, 이때 68명이 전사하고 100여 명
이 부상당했다. 〈미스터 션샤인〉은 이 부분을 사실적으로 그려냈다.

마지막 회에서는 의병 사진을 증거로 제시하며 의병의 역사적 사
실성을 부각했다. 증거 사진의 출처는 1907년 양평군의 의병들로, 영
국『데일리 메일(Daily Mail)』의 아시아 특파원이었던 맥켄지(Fredric
Mckenzie)가 찍은 것이었다[그림 4-3] 참고). 드라마의 장소와 실제 장
소는 다르지만 드라마 속 시간은 1907년이기 때문에 의병의 역사적
사실성을 제시하는 데는 무리가 없다.

〈미스터 션샤인〉은 역사 소환 전략으로 중요한 역사적 사건을 전
경에 배치했다. 역사의 전경화 전략은 역사적 증거로서 역사 재현 및
특정 사건과 장소를 의미화하는 것이다. 〈미스터 션샤인〉은 증언과

기록을 역사 재현에 활용했는데, 여기서 강화도와 남대문은 외세 침략의 위기에 빠진 조선의 환유이다.

신미양요, 운요호 사건, 미국-스페인 전쟁, 정미년 남대문 전투 가운데 드라마가 한층 중요하게 다루는 사건은 신미양요와 남대문 전투이다. 신미양요와 남대문 전투의 치열하고 긴박한 장면은 드라마에서 10분 이상 할애해가며 증언과 역사 기록을 충실히 따랐다. 역사적 사건의 재현은 시청자에게 드라마의 역사성을 높이는 기능을 담당한다. 이것은 시청자를 상상의 역사 안으로 몰입시키는 효과를 낳는다. 허구성을 상쇄시키는 역할을 담당하기 때문이다. 예컨대 22회는 정미 7적과 을사 5적 등 친일파를 간략히 소개했는데, 드라마가 끝난 뒤 '정미 7적', '을사 5적', '친일파 후손' 등이 네이버 검색어 상위에 올랐다. 마지막 회에 나온 맥켄지의 양평 의병 사진 역시 네이버 검색어 상위에 올랐다. 〈미스터 션샤인〉의 역사 전경화 전략은 증거와 사실을 앞세우고 있기 때문에 시청자들을 역사 속으로 들어가게 하는 '역사 효과'를 만들어낸 것이다.

신미양요에 대한 상세한 묘사는 〈미스터 션샤인〉을 허구가 아니라 역사적 맥락 속에 위치시킴으로써 등장인물에 사실성을 부여하고, 개연적 사건과 허구적 사건이 펼쳐질 수 있는 공간을 제공한다. 1871년 신미양요는 강화도에 살았던 유진 초이 가족, 김희성 가족, 호랑이 포수였던 아버지의 죽음을 광성보 전투에서 목격한 장승구(장포수)의 삶이 격변의 소용돌이 속에 놓일 것을 예측하게 한다. 또한

1875년 운요호 사건은 친일파의 등장, 일본의 침략과 무능한 조선, 의병 활동 등과 같은 사건이 펼쳐질 수 있는 전경이 된다.

1907년 남대문 전투는 정미의병운동이 발생하게 되는 계기를 보여준다. 경운궁에서 경위원 총관 장승구가 일본 군대와 싸우다가 죽음을 맞이하는데, 이때 신미양요와 남대문 전투가 병치되어 편집되었다. 장승구의 아버지가 신미양요 때 미군과 싸우다가 죽었던 것처럼, 장승구도 일본군과 전투하다가 죽는다. 신미양요와 남대문 전투는 별개의 역사적 사건이지만, 드라마는 장승구를 통해 이 두 사건을 같은 계열의 사건으로 위치시킨다.

2. 역사 기표의 상상적 배치

〈미스터 션샤인〉은 1902년에서 시작한다. 왜 1902년인가? 1902년에는 조선에서 중대한 정치적 사건이 표면적으로 발생하지 않았다. 그러나 백성의 삶은 매우 고단했다. 전염병으로 7,000명이나 사망했고, 흉년으로 인해 먹고살기가 더욱 힘들어졌다. 을미사변 이후 의병이 조직화되고 전국 각지에서 의병 활동이 확대되기 시작했다.

고종은 1898년 이후 권력 주도권을 잡고 주요 법률, 제도, 정책 결정 과정에서 자신의 영향력을 이전보다 강하게 행사했다. 한편 일본은 청나라를 조선에서 축출한 뒤 조선의 경제를 장악할 목적으로 일본제일은행 화폐를 유통시키기 시작했고, 영국과 영일동맹을 맺어 조선에 대한 지배권을 보장받았다. 이즈음 국제 정세 분위기는 일본, 영국, 미국이 러시아의 남진 정책에 공동 대처하면서 러일전쟁의 징조가 나타났다. 드라마는 1~21회까지 1902~1904년 사이를 다루고 있는데 이때는 우리 근대사에서 폭풍 전야와 같은 시기였고, 22회의 시간 배경인 1907년은 을사늑약 이후 폭풍 속에 위치한 시점이었다.

〈미스터 션샤인〉은 격동의 시기 역사 기표들을 허구적 사건들과 함께 상상적으로 배치하고 있다. 역사 기표란 역사적으로 제대로 밝혀지지 않은 채 떠도는 사건들이거나 (비)공식적인 역사 기록들을 말한다. 〈미스터 션샤인〉에서 주요하게 활용된 역사 기표는 고종의 예치증서, 밀지, 제국익문사 등을 둘러싼 갈등과 대립이다. 신미양요, 운요호 사건, 정미년 남대문 전투 등이 역사의 전경화로서 역사적 맥락과 시대적 사실성을 부여한다면, 역사 기표의 활용은 이야기의 중심을 이끌어가면서 드라마의 상상력이 발휘되는 영역이다. 드라마 전개에서 가장 중요한 서사인 로맨스와 의병 활동은 이들 역사 기표 속에서 펼쳐진다.

고종의 예치증서와 관련된 사건들은 2~9회까지 이야기의 중핵으로 등장한다. 그런 가운데 허구적 사건은 로건 테일러의 죽음을 둘러싼 수사, 미군의 장총 분실 사건, 의병 활동 등이다. 유진 초이가 조선에 공사대리로 오게 된 이유 중의 하나는 주미 일본공사관에서 근무했던 로건 테일러를 암살하기 위해서였다. 로건 테일러는 그 시점에 외교 고문으로 조선에 있었는데 일본에 온갖 정보를 팔아넘겨 미국의 명예를 더럽혔으므로, 미 정부는 유진 초이에게 암살 임무를 맡겨 조선으로 파견했던 것이다. 로건 테일러 암살 사건은 유진 초이와 고애신이 첫 만남을 갖게 되는 계기였으며, 고종의 예치증서와 밀접히 연결되어 있다. 왜냐하면 로건 테일러가 고종의 예치증서를 갖고 있었기 때문이다. 이 예치증서를 찾기 위해 일본공사 하야시와 이완익은 구동매를 활용했고, 조선 조정의 궁내부 대신 이정문은 의병을 동원했다. 고종의 예치증서는 다양한 허구적 사건들이 발생하는 계기가 된다. 드라마에서 고종의 예치증서는 의병을 지원하기 위한 군자금이었다고 가정한다.

이태진은 고종의 예치증서와 관련된 구체적인 자료를 제시했다.[5] 그에 따르면, 고종은 1903년 12월 2일 당시 일화日貨 15만 엔으로 평가된 금덩어리를 중국 상해에 있는 독일계 덕화은행德華銀行에 예치했다. 이 예치금은 고종의 밀사들을 위한 활동 자금으로 사용되었으리라 추측된다. 고종은 강제 퇴위당한 후 1909년 10월 20일에 미국인 고문관 호머 헐버트(Homer Hulbert)를 시켜 이 돈을 찾으려 했지만, 이미 1908년 4월 22일 자로 통감부 통감에게 인출되었다. 통감부가 궁내부 대신 이윤용(이완용의 형)의 요청으로 인출해간 것이다.* 고종

---

* 고종의 예치금 액수에 관해 1차 예치금은 1903년 12월 15만 엔과 금괴 23개 도합 18만 엔, 2차 예치금은 1904년 초 6만 8,500엔으로 총 24만 8,500엔이었다는 주장도 있다.(김동진, 『파란 눈의 한국혼 헐버트』, 참좋은친구, 2010) 이 금액은

의 예치증서와 관련된 자금은 1908년 통감부가 빼앗아갔지만, 드라마는 이 자금이 중국에 있는 의병의 군자금으로 전달되는 것으로 그려낸다.

예치증서와 함께 활용된 또 하나의 역사 기표는 선교사 요셉의 죽음과 관련된 고종의 밀지다. 이 밀지에는 일본이 조선을 장악하기 위한 획책이 벌어지고 있는 상황이므로 미국에 차관을 요청한다는 내용이 담겨 있었다. 요셉은 밀지를 가지고 청나라로 떠나려다가 이완익의 사주를 받은 김용주에게 죽임을 당한다. 이 사건도 드라마 이야기 전개에서 중요하다. 왜냐하면 선교사 요셉은 유진 초이의 아버지나 다름없는데, 그의 죽음에 이완익이 개입되어 있기 때문이다. 유진 초이가 고종이 요청한 대한제국 무관학교 교관을 거부했다가 다시 수락한 이유도 바로 선교사 요셉의 죽음 때문이다. 유진 초이는 이 사건을 통해 미국인이 아닌 조선인의 정체성을 갖기 시작한다.

고종이 밀사를 통해 미국이나 유럽 국가들에게 밀지를 보낸 것은 대체로 1905년 이후다. 러일전쟁 이후 일본은 한일의정서에 명기된 대한제국의 주권과 황실의 안녕을 보장한다는 약속을 지키지 않았을 뿐만 아니라 군대도 철수하지 않았다. 고종은 일본을 견제하기 위해 밀사들을 서방 제국에 보냈는데 미국에 대한 기대가 높았다. 고종은

1901년 대한제국 세입 총액의 1.5%에 해당한다. 현재 어느 정도의 가치가 있는지 정확히 산출하기가 어렵지만, 김동진은 보수적으로 계산해도 17억 2,200만 달러(약 2조 원) 정도가 된다고 평가한다.

조미수호통상조약의 제1조 "일방이 제3국에 의해 강압적 대우를 받을 때 다른 일방은 중재를 한다(居中調停)"에 강한 믿음을 갖고 있었다. 이 조항에 기대어 고종은 미국에 밀사를 파견했지만, 이는 순진한 희망에 지나지 않았다. 미국은 이미 일본의 조선 지배를 인정하고 있었기 때문이다. 〈미스터 션샤인〉은 을사늑약 이전에 고종이 밀사를 해외에 파견하여 일본의 지배를 막으려 시도했다고 묘사한다.

〈미스터 션샤인〉에는 예치증서나 밀사 파견과 관련된 비밀 조직도 등장하는데, 바로 제국익문사다. 제국익문사에 대한 이야기는 드라마 초반에는 등장하지 않다가 17회부터 모습을 드러내며 드라마 전반에 걸쳐 여러 사건과 연결되어 있다.

제국익문사는 역사학계 내에서 아직 깊이 있게 연구되지 않은 조직이다. 대한제국은 1897년 출범 이래 광무개혁을 통해 부국강병의 근대화 정책을 추진하여 1902년 어느 정도 성과가 나타나기 시작했고, 6월에는 통신원을 가장한 국가정보기관으로 황제 직속의 제국익문사를 창설했다. 제국익문사 요원의 표면상 직함은 국내와 해외 주요 도시에 파견되어 있는 통신원이었다. 이들은 주로 정부 고관들과 외국 공관원들의 동정, 국사범 및 외국인의 반국가적 행위, 외국인 특히 일본인들의 침략 행위 등을 비밀스럽게 조사하고 탐문했다.* 따

---

* 김재호는 제국익문사가 항일 정보기관이 아니라 관민의 동향을 감시하는 억압 기구였다고 주장한다.(이태진·김재호 외, 『고종황제 역사청문회』, 푸른역사, 2005)

라서 "제국익문사는 대한제국 황제정과 경제질서에 대한 일본의 침투를 저지하기 위한 역정보 획득을 위해 설립된 기구"였다.[6] 통신원으로 호칭된 제국익문사 요원들은 총 61명으로, 이 가운데 해외통신원은 9명이었다. 조선 조정과 미국 선교사의 관계를 고려할 때 선교사들 중 일부(대표적으로 호머 헐버트)가 밀사와 같은 역할을 수행했을 것이다.

제국익문사에 대해 아직까지 제대로 밝혀진 것이 없고 쟁론이 필요한 지점도 있기는 하지만, 작가는 일본 침략을 막기 위한 비밀 조직으로 제국익문사를 해석하여 드라마 전반을 이끌어가고 있다. 당시 조정은 국정 사무를 맡은 의정부와 황실 사무를 담당하는 궁내부로 구분되어 있었으며, 1902년은 고종이 권력을 강화하기 위해 궁내부의 역할을 강화하던 때였다. 〈미스터 션샤인〉은 의정부를 친일파 집단으로, 궁내부를 고종의 친위 집단으로 설정했다.*

〈미스터 션샤인〉에서 제국익문사를 비밀리에 이끄는 사람은 궁내부 대신인 이정문이다. 그는, 의병장이면서 겉으로는 도자기를 빚는 도공인 황은산과 은밀하게 연결되어 있다. 드라마는 의병 활동의 한 축으로 제국익문사를 배경에 놓았다. 을사늑약 이후 고종이 전국 각지에 의병을 독려하는 서한 애통조哀痛詔를 보낸 일도 제국익문사

---

* 〈미스터 션샤인〉은 조선 조정의 어전 회의를 두 패로 구분하여 묘사한다. 고종이 대신들을 바라보는 시선을 기준으로 할 때 오른쪽에는 의정부 관료들로서 양복을 입고 있는 반면, 왼쪽의 궁내부 관료들은 전통 관복을 입었다.

에서 담당했을 가능성이 있다.* 제국익문사의 성격을 놓고 역사학계의 논란이 없는 바는 아니지만, 1902년 고종이 왕권 강화의 목적으로 궁내부를 확장하면서 일본의 국권 침탈을 막으려 했다는 점을 고려하면, 제국익문사라는 역사 기표를 드라마에서 의병 활동과 연계지어 서사를 구성한 것은 새로운 해석이면서도 인물들 사이의 관련성을 높여주었다는 점에서 흥미로운 상상적 배치이다.

3. 인물의 소환 방식

역사적 사건의 계열들은 서로 만날 수 없다. 예를 들어 신미양요, 운요호 사건, 정미년 남대문 전투는 역사의 시간 내에서 서로 만날 수 있는 사건이 아니다. 물론 역사적 맥락으로 보면 제국의 조선 침략이라는 점에서 동일한 계열에 속하지만, 세 사건은 별개로 발생했다. 역사의 시간 내에서 벌어지는 다양한 사건의 계열들이 드라마에서 서로 만날 수 있는 것은 인물들을 통해서다. 사건의 진정한 행위자는 인물이기 때문이다. 〈미스터 션샤인〉은 허구적 인물, 개연적 인물, 실존 인물이라는 세 가지 유형의 인물을 적절하게 설정한다.

* 한국학자료센터(kostma.aks.ac.kr)에서 검색해볼 때 고종이 애통조를 처음으로 전국 각지에 보낸 때는 1896년이었다.

신미양요와 운요호 사건은 허구적 인물들이 등장할 수 있는 전경이었다. 〈미스터 션샤인〉에서 중요한 허구적 인물들은 유진 초이, 고애신, 김희성, 구동매, 장승구로, 이들은 드라마의 중심에 서 있다. 고애신을 제외한 나머지 인물들은 정체성의 혼란을 겪는 다면적 성격을 지니고 있다.

　　유진 초이는 "조선은 내 부모를 죽인 나라였고, 내가 도망쳐온 나라였소. 그래서 모질게 조선을 밟고 내 조국 미국으로 돌아갈 예정이었소."(9회), "미국은 나를 조선인이라고 하고, 조선은 나를 미국인이라고 하니"(15회)라는 말을 하며 조선인과 미국인 사이에서 정체성의 혼란을 겪는다. 유진 초이는 자신을 미국으로 데려간 요셉을 아버지로 생각한다.

　　조선 최고의 부잣집 아들로 태어난 김희성은 조부의 폭력과 부정행위, 아버지의 비굴함 때문에 관직에 나아가지 않은 채 한량으로 살지만, 부끄러움과 죄의식 속에서 방황한다. 그는 목적 없는 삶을 살면서도 조선의 현실을 외면하지도 않는다. 신문사를 차려 일제의 만행을 폭로하는 호외를 발행하기도 한다. 구동매는 백정의 아들이라는 신분 차별과 모욕감을 견디지 못하고 일본으로 건너가 무신회에 가입한 뒤 조선인과 일본인 사이에 위치한다. 어릴 때 그는 자신의 어머니가 겁탈당하는 상황에서도 무기력하게 고기만 다듬는 아버지를 증오하며, 일본 무신회 '오야붕'(두목)을 자신의 아버지로 여긴다. 포수 장승구는 어린 시절 신미양요를 경험하면서 백성을 구하지 않았던 조선 조정에 대한 분노로 역적이 되고자 하지만, 고애신의 스승이 되고 고종을 지키는 경위원 총관을 지내다가 정미년 경운궁 전투에서 죽는다.

유진 초이와 구동매는 동일한 계열의 인물이다. 각각 노비와 백정의 아들로 태어나 신분 차별을 받고, 나라에서 버림받은 인물이면서 고애신을 사랑하기 때문이다. 노비였던 유진 초이의 어머니는 자식을 구하고 우물에 빠져 죽으며, 백정이었던 구동매의 어머니도 자신을 겁탈한 남자를 죽이고 아들을 자신으로부터 떠나게 만든 뒤 죽는다. 두 사람에게 어머니는 성폭력의 희생자이자 자식으로 하여금 조선을 떠나 신분 차별의 한계를 극복하게 해주는 힘으로 작용한다. 또한 두 사람은 모두 친부를 포기했는데, 유진 초이는 친부 대신 선교사를 아버지로 여겨 존경하고, 구동매 또한 폭력 조직의 우두머리를 아버지로 떠받든다. 조선의 어머니는 자식을 위해 목숨을 바치지만, 조선의 아버지는 무능한 존재이다. 이것은 국가 가부장의 몰락과도 관계된다.

고애신은 세상 물정 모르는 '애기씨'의 겉모습을 갖고 있으면서 다른 한편으로는 남장 차림으로 비밀스럽게 의병 활동을 하는 매력적인 인물이다.[*] 그녀는 계급(명문 사대부)의 굴레에서 과감히 벗어나

[*] 고애신은 2000년대 이후 역사드라마에서 새롭게 창조된 여성 인물의 특성을 지니고 있다. 여성 정체성을 숨긴 채 권력의 핵심으로 성장하는 〈선덕여왕〉의 덕만처럼 고애신은 남장 차림으로 의병 활동을 하는 강한 모습을 보여주고, 또 〈뿌리

고자 하며, 집 안에서 수나 놓으면서 꽃으로만 살아도 되는 사대부 여인의 삶을 거부하고 불꽃으로 살다가 죽기를 원한다. 〈미스터 선샤인〉의 남성 인물들에게 민족의식을 갖게 하는 촉매자의 역할을 수행할 정도로 가장 주체적인 모습을 보여준다. 겉으로는 사대부의 철없는 영애이지만, 내면은 민족의식이 강한 인물이다. 기록의 한계로 여성 인물의 역할은 역사드라마에서 제한적일 수밖에 없지만, 고애신은 공식 역사에서 배제된 여성의 자리를 충분히 메우고 있다.

〈미스터 선샤인〉의 개연적 인물은 이완익, 요셉, 쿠도 하나 등인데, 이들은 허구적 인물과 달리 대체로 단면적인 성격을 지닌다. 개연적 인물은 완전히 허구의 인물이 아니라 역사적 인물을 모델로 삼거나 변용시킨 인물로, 작가가 꾸며냈다고 할 수 있다. 드라마에서 이완익은 신미양요 때 중인 신분으로 영어 통역을 맡았지만, 일본의 힘이 강성해지는 것을 체감한 뒤 미국보다는 일본에 붙어야 한다는 생각으로 친일파가 되어 1875년 이토 히로부미를 만난다. 주일공사로 있다가 1902년에 조선으로 돌아와 농상공부대신을 거쳐 외무대신이 되었으나, 1904년 고애신에게 총을 맞고 죽는다.* 그는 자신의

깊은 나무〉의 소이나 〈육룡이 나르샤〉의 분이처럼 고애신 역시 남성 인물과 대등한 위치에서 역사를 만들어가기 때문이다.
* 역사적 사실의 관점에서 보면 이완익은 존재할 수 없는 인물이다. 그는 1871년 신미양요 때 통역을 맡은 중인으로 등장하지만, 당시 조선에는 영어를 통역할 수 있는 사람이 없었다. 1882년 조미수호통상조약을 체결할 때 통역을 맡은 이는

딸 쿠도 하나를 재산이 많은 늙은 일본인에게 시집보낼 정도로 철저히 이기적인 인물이다. 이완익이 당대 누구를 모델로 형상화되었는지는 명확히 알 수 없지만, 을사 3흉(이하영, 민영기, 이재극)인 이하영과 을사 5적(이완용, 이근택, 이지용, 박제순, 권중현)인 이완용을 혼합해놓은 인물인 듯하다.*

선교사 요셉은 드라마 초·중반에 중요한 역할을 하는 인물이다. 요셉이 누구를 모델로 삼은 인물인지는 알 수 없으나, 고종이 만국평화회의의 밀사로 파견했던 호머 헐버트가 아닐까 싶다.** 요셉은 신미양요 때 도공 황은산의 가마터에서 유진 초이를 미국으로 데려간 인

청나라 통역관인 마젠충馬建忠이었다. 1887년 박정양이 주미전권공사로 미국에 갔을 때도 조선인 중에 한영 통역자는 없었다.

* 이하영은 부산 초량(동래)에서 태어난 몰락한 양반 출신이다. 가정 형편이 어려워 통도사 동자승으로 있었으며, 개항 이후 부산의 일본인 상점에서 점원으로 일하며 일본어를 배웠다. 한성에서 알렌을 만나 그의 집에 기거하면서 영어를 배웠다. 1887년 초대 주미공사 박정양을 수행하여 미국에 다녀오기도 했으며, 세 차례에 걸쳐 주일공사를 맡았다. 1904년 외무대신이 되었다가 을사늑약 때는 법무대신을 맡고 있었다. 이하영은 일어와 영어를 말할 수 있다는 이유로 대신에 오른 인물이다. 이완용 역시 어려운 가정 형편에서 자랐으며 주일공사와 외무대신을 거친 대표적인 친일파다. 드라마 속 이완익이라는 이름은 이완용에서 빌려온 듯하다. 물론 드라마에 실존 인물인 이완용이 잠깐 등장하므로 이완익과 이완용은 별개의 인물이다.

** 호머 헐버트는 근대식 교육기관인 육영공원의 교사로, 1886년 조선에 왔다가 1891년 미국으로 돌아갔지만 그 뒤 1893년 감리교 선교사로 다시 내한하여 근대교육의 초석을 놓았다. 1905년 고종의 특사로 미국에 가서 을사늑약을 저지코자 했고, 1906년 헤이그 특사로 임명된 바 있다.

물로, 유진 초이에게는 아버지와 같은 존재다. 다시 조선으로 돌아온 그는 선교 활동을 하던 중 미국에 차관을 요청하는 고종의 밀지를 갖고 있다가 이를 눈치챈 이완익에 의해 죽임을 당한다. 작가가 호머 헐버트를 염두에 두고 요셉이라는 인물을 만들어냈는지는 불분명하지만(실제로 고종은 호머 헐버트를 밀사로 파견했다), 당시 고종이 미국을 신임했고 선교사들과 긴밀한 관계를 유지했던 것만은 분명하다. 조선 왕실이 미국 선교사들에게 극진한 대우를 해준 이유는 미국이 조선을 지원해줄 것이라고 생각했기 때문이었다. 고종이 미국 선교사를 상당히 신뢰했다는 점을 고려하면, 미국 선교사를 밀사로 보낸다는 설정은 무리한 상상력이 아니다.

쿠도 하나는 이완익의 딸로 나오며 글로리 호텔을 경영하는 사장이다. 그녀는 1902년 손탁 호텔*의 사장이었던 독일계 러시아인 손탁(Sontag)을 모델로 설정된 인물인 듯하다. 손탁 호텔을 글로리 호텔로 설정함으로써 만들어진 인물인 쿠도 하나는 대한제국 비밀 조직인 제국익문사의 요원으로 활동한다. 작가는 글로리 호텔을 고급 숙식을 제공하는 단순한 빈관賓館이 아니라 정보를 수집하는 제국익문

* 손탁 호텔은 고종이 아관파천 때 러시아공사관 베베르(Karl Ivanovich Weber)의 처형인 손탁으로부터 도움을 받은 후 이에 대한 감사 표시로 1897년 정동 29번지에 양관洋館을 지어 하사한 것이다. 1902년 2층 벽돌 건물로 확장하여 당시 외국인과 조선 상류층에게 서양 요리와 커피 등을 파는 중요한 장소가 되었다.(박재영, 「한말 서양문물의 수용과 독일인」, 『독일연구』, 23호, 2012, 46~52쪽)

사의 비밀 거처로 설정했다.

실존 인물은 역사의 전경화와 관련되어 있는데, 고종을 제외하면 비중이 낮은 편이다. 고종 외에 실존 인물로는 흥선대원군, 알렌, 하야시 곤스케, 시어도어 루스벨트, 안창호, 이완용·송병준을 비롯한 을사 5적과 정미 7적이 등장한다.* 여기서 흥미로운 해석을 한 인물은 고종과 알렌 공사이다. 〈미스터 션샤인〉에서 고종은 나약하거나 무능하기만 한 군주가 아니다. 고뇌와 근심으로 가득 차 있으며, 애처로움과 근엄함을 보여주면서 동시에 민족적이고 자주적인 인물이다. 무고한 조선인에게 총을 쏜 일본군 츠다 하사에 대해 단호한 판결을 내리고, 자신은 역적이 아니라며 모함에 빠졌다고 주장하는 이세훈에 대해서는 처형을 명령한다. 영국과 일본 공사는 공석 중인 외무대신으로 이완익을 추천하지만, 고종은 그를 농상공부대신으로 임명하고(9회), 일본과 러시아 간에 전쟁이 일어날 것을 대비해 무관학교를 재정비하며(10회), 자신의 내탕금(비밀 자금)을 상해로 보내 의병 군자금으로 쓰게 하고, 밀사를 파견하기도 한다(14회).

역사학계 내에서 고종에 대한 평가는 엇갈린다. 먼저, 비판적으로 보는 관점은 고종이 우유부단하고 무능력한 왕이었다고 본다. 흥선대원군과 명성왕후의 세력 다툼 속에서 정치적 역량을 발휘하지 못

---

* 고종을 제외한 나머지 인물들은 역사적 사건과 관련해 배경적 역할을 수행할 뿐이며, 대부분 간략하게 묘사된다.

했으며, 전근대적 권력 인식(왕권과 국권의 혼돈)에 빠져 망국으로 이끌었다는 것이다. 반면, 고종을 긍정적으로 평가하는 관점도 있다. 그에 따르면 고종은 개화와 부국강병에 관심이 많았으며 자주적 외교 활동을 통해 열강으로부터 자주성을 추구했다는 것이다. 민民과 국國이 나라의 주체라는 민국 사상, 국기 사용, '대한'의 명칭 사용 등에서 고종의 자주적이고 개혁적 측면을 파악할 수 있다는 것이다.[7] 〈미스터 선샤인〉은 고종의 양면을 다룬다. 즉, 제국주의 국가의 영향력 속에서 근심과 두려움에 빠져 있으면서도 부국강병을 추구하는 자주적인 인물로 표현되고 있다.

고종과 함께 눈여겨볼 인물은 알렌 공사이다. 선교사로 조선에 온 알렌은 갑신정변 때 민영익을 치료함으로써 고종의 신임을 얻었고, 광혜원 의사로도 일했다. 주한 미국공사관의 서기관으로 활동하면서 1895년 운산금광 채굴권을 무상으로 하사받아 거액의 구전을 받고 미국인 사업가 모스(James R. Morse)에게 넘겼다. "고종은 금광 이권을 미국인에게 주면 미국이 조선 문제에 관심을 가질 것이라는 알렌의 기만에 속아 넘어갔으며, 이때 체결된 계약은 어처구니없는 것으로 사기 계약이라고 볼 수 있다."[8] 알렌은 전차 가설권과 전기 사업에 관계되는 이권, 수도 공사권까지 챙겨갔다.

〈미스터 선샤인〉에서 알렌은 이해관계에 철저하고 뇌물을 밝히는 이중적인 인물로 묘사된다. 그는 미공사관 영사대리인 유진 초이를 공격한 조선인을 풀어달라는 하야시 공사의 요청을 처음에는 거절하지만 거액의 뇌물을 받고 풀어준다. 선교사이자 의사로 조선에 왔지만 철저한 제국주의 외교관이었다는 점에서 알렌의 이중성에 대한 묘사는 설득력을 지닌다.

〈미스터 선샤인〉은 세 가지 유형의 인물들을 적절하게 배치하면서 상상력을 만들어나간다. 허구적 인물들이 드라마의 핵심으로 서사를 이끌어가는 주체라면, 실존 인물은 고종과 알렌 공사처럼 작가의 역사적 해석을 통해 그려지며, 개연적 인물들은 사실과 허구 사이에서 촉매제의 역할을 수행한다.

4. 격변의 시기, 낭만적 사랑의 좌절

〈미스터 선샤인〉은 격변의 시기를 배경으로 낭만적 사랑의 좌절을 그려낸다. 역사의 전경화는 격변의 상황을 보여주고, 고애신의 내레이션으로 "어제는 멀고 오늘은 낯설며 내일은 두려운 격변의 시간이었다. 우리 모두는 그렇게 각자의 방법으로 격변하는 조선을 지나는 중이었다"(1회)라고 시대 상황을 읊조린다. 전경화 전략은 역사 변동을 잘 드러내지만 낭만적 사랑과 직접적으로 연결되지는 않는다. 역사의 전경화는 오히려 사랑을 좌절시키거나 지체시키는 맥락으로 활용된다.

〈미스터 선샤인〉에서 낭만적 사랑은 고애신을 둘러싼 세 인물을 통해 그려지는데, 이들의 운명적 만남은 3회부터 등장한다. 고애신과 유진 초이의 사랑은 나룻배를 함께 타고 가면서 시작된다. 고애신은 유진 초이에게 낭만이라는 말로 조심스럽게 고백한다.

> "신문에서 작금을 낭만의 시대라고 하더이다. 그럴지도. 개화한
> 이들이 즐긴다는 가배, 불란서 양장, 각국의 박래품들... 나 역시
> 다르지 않소. 단지 내 낭만은 독일제 총구 안에 있을 뿐이오. 혹
> 시 아오? 내가 그날 밤 귀하한테 들킨 게 내 낭만이었을지도."
>
> ―3회.

1902년을 낭만의 시대라고 말할 수 있는지는 의문이지만, 〈미스터 선샤인〉의 배경화 전략에서 보듯 1930년대까지 포함하고 있기 때문에 무리한 설정은 아니다. 고애신은 유진 초이와의 만남이 우연적 운명이었음을 말한다. 두 사람이 조선의 외교 고문인 로건 테일러의 암살 과정에서 만난 일은 운명이었다는 것이다. 구동매가 고애신을 처음 만난 것도 운명이었다. 3회의 회상 장면에서 구동매의 어머니가 자신을 겁탈한 남자를 죽이자 구동매는 도망가다가 고애신의 도움으로 가마에 함께 타면서 운명적으로 만난다.

에바 일루즈(Eva Illouz)에 따르면 낭만적 사랑은 '위반의 유토피아'이다.[9] 낭만적 사랑은 '열정'이라는 양도할 수 없는 권리를 선언하면서, 족내혼, 계급, 종교적 성스러움, 복종, 권위 등과 같은 전통 가

치를 무너뜨리고 유토피아적인 개인의 주권을 신성화하기 때문이다. 고애신을 둘러싼 유진 초이, 구동매, 김희성의 사랑은 낭만적 사랑의 특징을 보여준다. 억제할 수 없는 열정, 운명적 만남, 계급이나 제도의 위반을 보여주기 때문이다. 그러나 세 사람의 사랑은 낭만적 사랑 내에서 서로 다른 층위로 그려진다.

명문 사대부 가문의 딸인 고애신과 노비 출신 유진 초이의 사랑은 계급 관계를 넘어선다. 유진 초이가 자신이 노비의 아들이라는 사실을 밝혀 고애신이 놀랐을 때, 유진 초이는 그녀에게 "무엇 때문에 놀란 거요? 맞소. 조선에서 난 노비였소... 한 여인을 만났고 자주 흔들렸소. 귀하가 구하려는 조선에는 누가 사는 거요. 백정은 살 수 있소? 노비는 살 수 있소?"(9회)라고 말한다. 사랑은 신분을 초월할 수 있다는 뜻이었다. 두 사람의 신분 차이는 잠시 사랑을 지체시키지만 고애신은 마침내 사랑을 받아들인다. 고애신이 유진 초이의 사랑을 받아들이는 이유는 의병 활동의 대의를 함께하기 때문이다. 고애신과 유진 초이의 사랑은 민족을 매개로 하는 '동지적 사랑'이다. 고애신과 유진 초이는 동지적 친밀감과 헌신을 통해 함께 길을 가는 사랑이기 때문이다.

구동매의 사랑은 이상화와 헌신을 통한 '절대적 사랑'이다. 〈미스터 선샤인〉 1회에서 1894년 갑오개혁에 관한 방(榜)이 붙어 노비제가 폐지된다는 전경이 등장하지만, 구동매에게 고애신은 계급적 한계를 뛰어넘을 수 없는 이상화된 존재다. 구동매는 무신회의 한성 지부장으로 진고개에서 횡포를 일삼지만 고애신 앞에서는 무기력한 존재다. 고애신을 헌신적으로 사랑하면서도 그녀에게 표현하는 성적 욕망은 단지 치맛자락을 한 번 잡는 것뿐이었다. 고애신은 이상화된 절대적 존재이므로 구동매는 자신의 욕망을 표현하지 못한다. 구동매는 자신과 고애신의 사랑이 이루어질 것이라는 기대조차 하지 않는다. 이는 자신이 백정 출신이라는 신분적 한계와 무신회를 이끌고 있다는 현실적 위치에서 비롯되었는데, 동시에 그에게 고애신은 다가갈 수 없는 '이상화된 존재'이기 때문이다. 따라서 구동매는 고애신과의 사랑을 완성할 수 없다는 현실을 잘 알면서도 이상적이고 헌신적인 사랑을 포기하지 않음으로써 열정의 극단을 보여준다.

또한 구동매가 보여주는 사랑은 상대로부터 어떤 것도 기대하지 않는 일방적인 아가페다. 그는 고애신 앞에 있다는 것 자체만으로 행복을 느낀다. 시청자에게 가장 매혹적인 사랑의 인물은 구동매일 가능성이 높다. 구동매는 단지 고애신이 존재하기 때문에 사랑하고, 그 사랑에 어떤 동기도 갖고 있지 않으며, 자기통제의 상실성을 보여주기 때문이다. 구동매는 사랑의 역설적 구조(기쁨과 슬픔, 행복과 고통, 기대와 좌절 등)를 극적으로 보여준다. 구동매의 사랑은 유진 초이나 김희성의 사랑에 비해 열정이 강하게 표현된다. 사랑의 열정은 "본래 능동적으로 작용하는 상태가 아니라 수동적으로 겪는 정신 상태를 뜻한다. 열정이라는 감정은 수동적이지만 열정이 발현되는 행위는 능동적이다."[10] 구동매는 사랑의 열정이 갖는 감정의 수동성(그의 카리

스마는 강하지만 고애신 앞에서는 나약하다는 점)과 행위의 능동성(고애신을 위해 무한한 헌신을 다한다는 점)을 가장 잘 보여준다. 이것이 구동매의 사랑이 갖는 흡입력이다.

반면, 고애신과 김희성 사이에는 신분의 차이가 없다. 두 사람은 어린 시절 집안에 의해 정혼이 약속된 사이였다. 이들의 혼인 약속은 두 집안 사이에 벌어진 현실적 거래였을 것이다. 사대부에게 정혼은 부모들이 권력과 재산을 바탕으로 맺는 거래적 관계다.* 김희성이 고애신을 사랑함에도 불구하고 부모가 맺어준 정혼을 깨는 이유는 고애신의 정체를 알게 되면서 그녀가 가는 길을 막고 싶지 않았기 때문이다. 김희성은 고애신과 결혼을 결정할 수 있었지만 스스로 사랑을 지체시킨다. 이런 측면에서 보면 고애신에 대한 김희성의 사랑은 '배려적 사랑'이다.

그러나 고애신의 입장에서 볼 때 구동매와 김희성의 사랑은 일방적 사랑이다. 고애신은 이 두 사람의 사랑을 받아들이지 않을 뿐만 아니라 거리를 둠으로써 상호 관계의 사랑으로 나아가는 것을 거부한다. 고애신이 사랑한 사람은 유진 초이다. 고애신과 유진 초이

---

* 그러나 〈미스터 션샤인〉에는 정혼의 정략적 이유가 나오지 않는다. 고애신의 조부 고사홍의 인품으로 보건대 부패한 권력인 김희성 집안과 정혼을 약속하지는 않았을 듯싶다. 하지만 고사홍이 김희성을 찾아가 결혼할 것을 요청하는 모습으로 미루어 그는 대의보다는 자신의 손녀가 개인적으로 행복해지기를 기대했던 것 같다.

의 사랑은 드라마의 중경화 전략 속에서 나타나는 다양한 사건들, 예를 들어 로건 테일러의 암살, 미군 장총 분실 사건, 고종의 예치증서를 둘러싼 요셉의 죽음, 제국익문사와 의병의 관계 등과 관련됨으로써 한층 더 깊어지고 발전할 수 있는 계기가 마련된다. 그럼에도 두 사람의 낭만적 사랑이 좌절될 수밖에 없는 이유는 민족이 낭만적 사랑보다 우위에 있기 때문이다. 고애신은 결국 사랑이 아닌 민족을 선택했다. 그 결과 구동매의 절대적 사랑은 자기희생으로 끝나고, 김희성의 배려적 사랑도 이루어질 수 없으며, 유진 초이의 동지적 사랑도 민족과 국가를 위한 의병 활동의 대의 앞에서 비극적 운명을 맞이할 수밖에 없었다.

5. 시공간의 압축 배열

〈미스터 션샤인〉은 시간과 공간을 압축적으로 배열한다. 드라마의 시간 배열은 1901년 11월 12일, 1871년 6월 10일, 1875년, 1894년, 1898년, 1901년 11월 12일, 1902년, 1904년, 1907년이다. 마지막 회에서 1909년과 1919년이 나오지만 클로징 시퀀스였다. 1919년은 의병운동을 3·1운동과 연계했다. 드라마의 시작 시점은 1902년이고, 용암포 사건이 짧게 언급되는 12회부터 1903년이며, 한일의정서와 러일전쟁이 나오는 20회부터는 1904년이고, 헤이그 밀사 사건과 군대해산이 나오는 22회부터는 1907년이다. 사실상 드라마의 시간은 1902~1904년과 1907년이다.

중요한 역사적 사건들은 대부분 간략한 대사로 요약되어 있다. "한 나라의 황후가 시해당했습니다. 나라님은 남의 나라 공사관으로 도망을 쳐 이 나라 저 나라 황제들에게 글로 손을 벌립니다. 그 덕에 서양 제국들이 줄지어 간섭합니다. 글은 힘이 없습니다."(2회), "작금의 조선이 어떤지 아느냐! 작금의 조선엔 조선의 것이 없다. 아라사(러시아)는 압록강, 두만강에 산림에, 경원광산, 경성광산을 수탈해 갔다. 미국은 운산광산에 수도, 전차, 증기, 경인선을"(9회) 등과 같다. 명성왕후 시해, 아관파천 등과 같은 치욕적 사건들은 깊게 다루지 않았다. 1905년 을사늑약과 같은 굴욕적 사건도 생략되어 있다.

〈미스터 션샤인〉은 1902~1907년 무렵을 시간 배경으로 설정했지만, 그 속에서 보여주는 문화 풍속은 1870~1930년대까지 폭넓다. 예를 들어 고애신이 글로리 호텔에 가서 커피를 마시는데, 쿠도 히나가 다음과 같이 말한다.

"예까지 오셨는데 가배 한 잔 하고 가셔야지요. 창가가 싫으시면 벽 쪽 소파로 모실까요? 조선의 모든 권력은 사내들에게 있으나 그 사내들은 언제나 글로리에 있답니다. 조선의 모던 보이, 댄디 보이, 룸펜, 조선의 보이란 보이들은 죄다 글로리에 몰려들지요."

―4회.

고종은 궁에서 이정문과 가배를 마시면서 "짐은 가배가 의지가 된다. 정신이 더욱 또렷했으면 함이다"라고 말하고, 글로리 호텔에 가서 "잠시 들렀다. 가배를 핑계 삼아"(10회)라고 쿠도 하나에게 말한다. 고종은 1896년 아관파천 때 러시아공사관에서 커피를 처음 맛보았다. 손탁의 권유로 커피를 접한 이후 고종은 아들 순종과 함께 커피를 즐겼다. 〈미스터 션샤인〉은 근대 문물이 물밀듯이 들어오는 시대적 배경을 보여주기 위해 서양 문물과 분위기의 상징인 가배에 대한 이야기를 자주 등장시켰다.

'모던 걸'과 '모던 보이'라는 용어는 기타자와 히데카즈北澤秀一가 일본의 잡지 『죠세이女性』에 1924년 처음 언급했으며, 1926년부터 일본에서 널리 사용되었다.[11] 조선에서는 박영희가 『별건곤』 1927년 12월호에 모던 걸과 모던 보이 용어를 들은 것이 반년 남짓하다고 썼는데, 이로 미뤄 볼 때 이 용어는 일본으로부터 건너와 1927년쯤 조선에서 유행어가 된 듯하다.[12] 쿠도 하나가 말한 모던 보이, 댄디 보이, 룸펜은 1902년에는 없던 용어이다. 여기서 쿠도 하나의 대사가 잘못되었음을 지적하려는 것이 아니다. 오히려 〈미스터 션샤인〉은 대한제국 시기를 배경으로 하고 있지만 일제강점기까지 폭넓게 풍속이나 유행을 끌어들여 근대로 변해가는 격동의 시대를 풍성하게 그려냈다는 점을 말하고자 하는 것이다.

의병의 문제도 마찬가지다. 고애신의 부모는 스스로 의병이라 칭하는데, 그 말하는 시점이 1875년이다. 이는 역사적으로 실제 의병의 출현보다 20년 정도 앞선 시기였다. 구한말 의병은 1894년 일본의 경복궁 점령으로부터 시작하여 1895년 을미사변으로 본격화되었다. 의적을 자처했던 활빈당은 1886년경 전라도와 충청도에서 활동했다. 의적이었던 활빈당이 의병으로 활동하기 시작한 것은 1900년대에 들어와서다.[13] 대규모의 조직적 의병은 1890년대 이후 등장했지만, 작가는 조선이 누란의 위기에 빠져 있던 1870년대에 작은 조직으로서 의병 활동이 있었으리라 상상한다.

미군의 주둔도 새롭게 만들어진 사건이다. 고종은 "미국의 군대 주둔을 윤허"(3회)하는데, 그 이유는 일본을 견제하기 위해서다. 드라마 전개상 미군이 조선에 주둔하지 않으면 미 해병대 대위인 유진 초이의 역할도 제한적일 수밖에 없다. 역사적 관점에서 보면 미군의 주둔은 역사적 사실에 부합하지 않는다는 점에서 외적(역사적) 개연성이 떨어지지만, 드라마의 시각에서 보면 유진 초이의 조선 입국과 이후 전개되는 상황을 고려할 때 내적 (드라마의) 일관성을 위해서 필요한 요소이다.

시공간의 압축은 드라마의 극적 장면을 연출할 때도 적절히 활용된다. 유진 초이와 고애신이 로건 테일러를 암살하는 시점은 종로에서 가로등 점등식이 있는 날이었다. 1898년 한성전기회사가 설립된 뒤 이듬해인 1899년 서대문–청량리 구간의 전차가 처음 개통되고, 1900년 4월 종로에 가로등 3개가 점등되면서 한성의 모습이 바뀌었다.[14] 유진 초이와 고애신의 로건 테일러 암살과 첫 만남을 종로

[그림 4-5] 〈미스터 션샤인〉에 나오는 종로 2가

의 가로등 점등식이 있는 날로 설정함으로써 드라마의 분위기는 한 층 증폭된다.

〈미스터 션샤인〉에 나오는 한성의 공간은 종로 2가, 홍교, 진고 개(오늘날의 충무로 2가. 명동성당이 있음), 미국공사관, 글로리 호텔 등이 다. 역사드라마에서 대형 오픈세트의 중요성은 두말할 필요도 없다. 이와 같은 장소들은 역사 재현에서 필수적인 볼거리를 제공할 뿐만 아니라 풍속이나 생활사를 함께 보여주기 때문이다. 이것은 드라마 의 역사적 사실성을 구성하는 데 중요한 요인으로 작용한다. 1904 년 로제티(Carlo Rossetti)가 찍은 종로 2가 사진과 비교해보면, 오픈 세트에 만들어진 도로의 폭은 좁지만 분위기는 유사해 보인다([그 림 4-5] 참고). 한편 진고개를 배경으로 할 때 오가는 사람들의 의상

[그림 4-6] 〈미스터 션샤인〉에 나오는 진고개

이나 음식점, 양복점, 제과점에서 카스테라나 꽃빙수를 먹는 풍경은 1920~1930년대 모습에 가깝다(그림 4-6) 참고).

〈미스터 션샤인〉의 이야기는 1902~1907년을 그리고 있지만 드라마에서 소환한 시간과 공간은 1870~1930년대에 이르기까지 압축적으로 표현되어 있다. 요컨대 역사적 사실성을 구성하기 위해 시간과 공간을 폭넓게 활용한 셈이다. 이것은 역사의 배경화라고 볼 수 있다. 역사의 배경화는 미시적 관점에서 당대 역사의 분위기, 풍속, 풍물, 유행 등을 드라마의 역사 공간 안에 배치함으로써 시청자가 인식하는 역사와 허구의 거리를 좁히는 데 기여한다.

대부분의 역사드라마는 실존 인물을 바탕으로 역사적 상상력을 더해 구성되지만, 〈미스터 션샤인〉은 허구적 인물로 역사적 개연성을 다루었다는 점에서 독특하다. 〈미스터 션샤인〉은 세 가지 측면에서 역사를 소환한다.

첫 번째는 '역사의 전경화前景化'이다. 이것은 시공간의 기둥으로 기능하며, 시청자로 하여금 역사의 맥락을 이해하게끔 하는 역할을 수행한다. 〈미스터 션샤인〉에서 역사의 전경화는 1871년 신미양요, 1875년 운요호 사건, 그리고 1907년 남대문 전투이다. 드라마는 이 사건들을 상상력으로 구성하지 않고 사실에 초점을 맞춰 묘사함으로써 상상과 허구의 시공간을 확장하고, 시청자에게 역사적 사실성을 갖게 만든다. 역사의 전경화 전략은 상상적 사건과 허구적 사건을 펼쳐 보일 수 있는 공간을 제공한다. 즉, 증거로서 역사를 재현하고 장소를 사실화하는 것이다.

둘째, 〈미스터 션샤인〉은 역사의 전경화를 토대로 '역사의 중경화中景化' 전략을 만들어냈다. 중경화 전략은 역사 기표들 중에서 선택 가능한 것을 선별하여 드라마의 외적 개연성을 높이는 것이다. 고종의 예치증서, 밀지, 제국익문사 등이 여기에 해당한다. 이 역사 기표는 드라마의 주제가 되는, 곧 국가와 신분 차별에 의해 버려진 무명의 존재들이 민족의식을 갖고 의병으로 활동하는 과정과 주인공의 낭만적 사랑이 발전할 수 있는 축으로서 역할을 수행한다. 역사 기표를 바탕으로 허구적 사건들을 다양하게 배열하고, 실존 인물과 함께 허구적·개연적 인물들을 유기적으로 연결함으로써 드라마의 내적 개연성을 높이고 있다.

세 번째의 역사 소환 방식은 '역사의 배경화背景化' 전략이다. 이 것은 드라마의 내적 재미나 흥미를 유발하도록 다양한 소품들을 밀도 있게 깔아놓는 것이다. 이런 요소는 드라마의 서사에 직접적으로 개입하기보다는 서사 뒤에서 보완해주는 기능을 수행한다. 역사드라마에서 당대를 재현하는 세트나 미장센도 배경화 전략에서 중요하게 기능한다.

역사드라마의 소환 방식으로 지금까지 서술한 전경화·중경화·배경화 전략은 〈미스터 션샤인〉에만 국한된 것은 아니다. 이러한 전략은 역사드라마의 소환 전략으로 보편적 구조라고 볼 수 있다. 역사드라마의 첫 회에 곧잘 등장하는 전쟁 장면은 흔히 활용되는 전경화 전략이다. 전쟁 장면은 박진감과 스펙터클을 만들어냄으로써 시청자를 몰입시키는 효과가 있기 때문이다. 역사드라마는 대부분 첫 회에 서사의 시점을 제시하는 방식으로 전경화 전략을 사용한다. 예를 들어, 〈이산〉은 영조 38년(1762) 윤5월 19일 사도세자가 죽기 이틀 전이고, 〈동이〉는 숙종 7년(1681) 남인과 서인의 대립이 심각했던 시기다. 이들 드라마의 전경화 전략은 간략한 맥락만 제시했다는 점에서 제한적이었다. 그러나 〈미스터 션샤인〉에서는 스펙터클과 동시에 당시 전투를 기록에 기초하여 사실적으로 그려냄으로써 역사적 환기력을 높였다. 시청자를 실제 역사 안으로 끌고 오는 역사 효과를 만들어낸 것이다.

중경화 전략은 역사드라마에서 가장 중요한 요소로 개입한다. 역사드라마는 대체적으로 두 가지 방식을 통해 중경화 전략을 사용해왔다. 하나는 공식 자료에 근거해 중핵이 되는 사건들을 재해석하여 서사를 구성하는 방식이고, 다른 하나는 작가가 꾸며낸 중요 사건들을 바탕으로 서사를 만드는 방식이다. 그러나 이 같은 두 가지 방식과 달리 〈미스터 선샤인〉은 비공식 사건들을 이야기의 중심에 배치하면서 허구적 사건들과 결합하는 방식을 취했다.

배경화 전략은 〈허준〉이나 〈대장금〉과 같은 드라마에서 특징적으로 사용되었다. 〈허준〉의 경우 한약방에서 사용되는 의료 기구나 실제 한약재, 내의원에서 벌어지는 사건들이 그에 해당하고, 〈대장금〉에서는 수라간 궁녀들과 궁중 요리, 내의원 의녀의 생활 등이 바로 배경화 전략에 따른 것이다. 다양한 소품들과 세트는 서사의 사실성을 부여하는 보조 장치다. 〈미스터 선샤인〉의 경우에는 시공간의 압축적 배열과 다양한 풍속을 통해 배경의 밀도를 높였다.

〈미스터 선샤인〉은 역사의 전경화·중경화·배경화의 전략을 효과적이면서 유기적으로 활용했다. 이를 바탕으로 두 가지 중심 서사(로맨스와 의병 활동)에 대해 허구적 인물, 개연적 인물, 실존 인물을 짜임새 있게 배치했다. 이것은 시청자에게 역사 효과를 가져다주면서 드라마에 몰입시키는 요인이 되었다.

DRAMA

TV

역사드라마의 인물 소환 방식은 젠더 문제와도 밀접히 연결되어 있다. 남성 인물 중심적인 역사드라마는 강한 남성성을 보여주면서 민족주의나 권력투쟁을 다루는 경향이 있다. '민족주의나 권력투쟁이 남성 시청자와 친화적인가' 하는 문제가 제기될 수 있지만, 어쨌든 이들 역사드라마의 주 시청자층은 중년 남성으로 설정된다.

　여성 시청자를 대상으로 제작되는 역사드라마는 두 가지 특징을 보여준다. 하나는 역사가 단지 서사를 구성하는 '배경'으로서만 나오는 것이다. 이 같은 역사드라마는 1960년대와 1970년대에 많이 제작되었다. 어린 신랑에게 시집온 여성의 애환을 그린 〈민며느리〉(1964), 여인의 사랑과 애환을 다룬 〈한양낭군〉(1965), 〈갑사댕기〉(1965), 〈진사의 딸〉(1972), 〈옥피리〉(1975) 등이 이에 속한다. 이들 드라마는 조선시대 배경하에 남편에 대한 헌신이나 시어머니의 구박 속에서도 굳건하게 사랑을 지켜나가는 여인의 절개와 지조를 그렸다. 이 경우 주인공은 허구적 여성 인물이다. 반면, 실존 여성 인물이 등장하는 경우에는 궁궐 내 암투와 권력투쟁이 주를 이룬다. 장희빈, 정난정, 인수대비, 장녹수, 김개시 등이 대표적인데, 대체로 이들은 목적을 위해 수단과 방법을 가리지 않는 악녀로 묘사된다.

그러나 2000년대 이후 여성 인물은 이전과 달리 하나의 특정 유형(현모양처나 악녀)에 국한되지 않고 다양한 특성을 지닌다. 이 같은 경향을 이끈 대표적인 드라마는 〈대장금〉(2003, MBC)이다. 〈대장금〉은 궁중 여인들의 시기와 암투를 다루던 기존의 이야기 구조에서 벗어나 요리와 의술 등을 다룬다는 점에서 차별화되었다. 더욱이 몇몇 여성 등장인물들은 리더십과 자매애를 보여주었다.[1]

5장에서는 먼저 여성 인물이 역사드라마에 어떻게 소환되는가를 간략히 검토하고, 다음으로 김영현·박상연* 극본의 〈육룡이 나르샤〉(2015~2016, SBS)와 〈뿌리 깊은 나무〉(2011, SBS)에 그려진 허구

---

* 김영현·박상연 극본의 역사드라마 3부작은 〈선덕여왕〉(2009, MBC), 〈뿌리 깊은 나무〉, 〈육룡이 나르샤〉이다. 세 작품은 서로 연결되어 있다. 〈육룡이 나르샤〉에서 중요하게 등장하는 비밀 조직인 무명은 신라시대부터 있던 조직으로 비담이 제거한 염종이 이끌었는데 고려 후기까지 이어진다. 즉, 비밀 조직 무명은 〈육룡이 나르샤〉에 앞서 〈선덕여왕〉에 먼저 등장했다. 무명은 〈뿌리 깊은 나무〉의 비밀단체 밀본과도 연결되어 있다. 〈육룡이 나르샤〉에 나오는 허구적 인물들인 이방지(땅새)와 무휼은 〈뿌리 깊은 나무〉에도 등장한다. 한편, 김영현·박상연의 역사드라마는 다른 작가의 드라마와 달리 여성 인물의 중요성이 매우 높은 편이다.

적 여성 인물의 의미를 살펴볼 것이다. 드라마가 다루는 시기를 보면 〈육룡이 나르샤〉는 고려 말에서 조선 건국 초까지, 〈뿌리 깊은 나무〉는 세종 시기다. 작가들은 〈육룡이 나르샤〉가 〈뿌리 깊은 나무〉의 프리퀄(prequel: 책·영화·드라마 등에 나온 내용과 관련하여 그 이전의 일을 다룬 속편)이라는 점을 밝혀 두 작품이 서로 밀접하게 연결되어 있음을 시사했다. 두 작품은 기존 역사드라마에서 묘사했던 여성 인물의 전형성으로부터 벗어나 창조적 여성 인물을 성공적으로 그려냈다는 점에서 의미가 있다.

1. 허구와 실존의 여성 인물

역사드라마에서 남성 주인공의 수는 여성 주인공의 수보다 압도적으로 많다. 이것은 역사드라마가 역사성을 바탕으로 만들어졌든 허구성을 토대로 제작되었든, 남성 중심적이었다는 사실을 보여준다. 방송사 측이 역사드라마는 남성 드라마로, 멜로드라마는 여성 드라마로 생각하는 경향이 있기 때문인데, 특히나 역사적 사실을 토대로 할 경우에는 여성 인물이 상대적으로 배제되었다. 역사가 정치사나 왕조사 중심으로 기술되어왔기 때문에 우리 역사에서 여성이 차지하는 비중은 낮을 수밖에 없었다.

1964~2018년간 방영된 역사드라마 350편에 나오는 주인공 성별

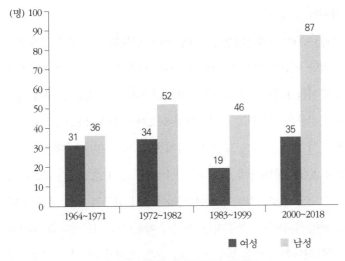

(명)

[그림 5-1] 역사드라마의 주인공 성별 추이

을 보면, 남성이 221명(65%)인데 반해 여성은 119명(35%)이다.* [그림 5-1]에서 보듯, 남성 주인공의 비율은 계속적으로 증가하지만 여성 주인공의 비율은 감소하는 추세다. 여성과 남성 주인공의 비율을 보면, 1964~1971년 여성 31명(46.3%) 남성 36명(53.7%), 1972~1982년 여성 34명(39.5%) 남성 52명(60.5%), 1983~1999년 여성 19명(29.2%) 남성 46명(70.8%), 2000~2018년 여성 35명(28.7%) 남성 87명(71.3%)

* 총 350편 드라마에서 10편은 주인공 분석에서 제외했다. 〈개화백경〉(1971, KBS), 〈명인백선〉(1972, KBS), 〈개화전야〉(1976, KBS), 〈맥〉(1977, KBS), 〈역사의 인물〉(1978, MBC) 등이 제외된 드라마인데, 연속단막극 형식의 경우 매회 주인공이 바뀌는 까닭에 성별의 빈도를 정확히 파악하기가 어렵기 때문이다.

을 차지하고 있다.

2003~2004년의 〈대장금〉 이후 여성 인물의 중요성이 증가했다고 하지만 여전히 남성에 비해 차지하는 비중은 낮다. 여성 주인공의 변화 추이를 보면, 허구적 인물의 비중은 낮아지고 있는 반면에 실존 인물의 비중은 증가하고 있다. [그림 5-2]에서 보듯 1964~1971년 사이 허구적 여성 인물은 77.4%나 차지했고, 1972~1982년에는 67.6%였으나 2000~2018년에 37.1%로 감소했다. 과거 모호했던 조선시대 배경의 역사 멜로드라마가 점차 사라지면서 허구적 여성 인물의 비중이 낮아진 것이다. 봉건시대 여성의 애환이나 현모양처형 여성의 삶, 시어머니의 구박을 받는 며느리 같은 소재가 더 이상 시청자의 흥미를 끌기 어려울 뿐만 아니라, 봉건사회의 여성상은 오늘날의 여성상과도 맞지 않기 때문이다.

[그림 5-3]을 보면 여성 주인공의 신분은 양반이 전체 41.6%를 차지할 정도로 많았다.* 양반집 규수나 세도가의 아내로 설정된 경우는 대체로 1960~1970년대 역사드라마에 많이 보이는데, 대부분 허구적 인물이었다.

왕족 여성의 경우는 실존 인물이 대부분을 차지한다. 여기서 왕족은 출신 성분과 관계없이 대비, 왕후, 후궁, 공주 등을 가리키는데, 장희빈이 5번, 혜경궁 홍씨가 4번, 인수대비가 3번, 장녹수는 2번에

---

* 여성 주인공은 총 119명이지만, 신분이 불확실한 6명은 분석에서 제외했다.

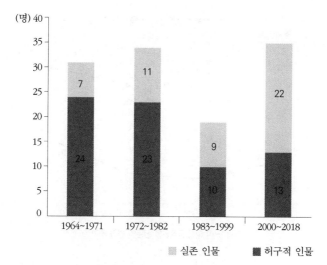

[그림 5-2] 여성 주인공의 변화 추이

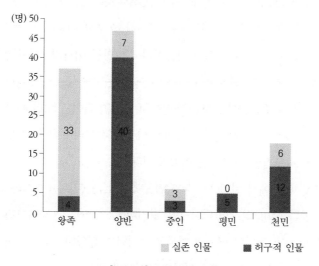

[그림 5-3] 여성 주인공의 신분

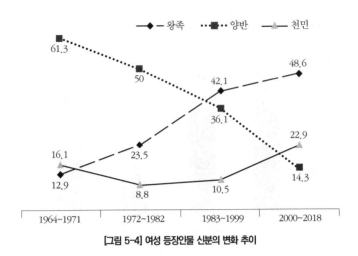

---- 왕족   ······ 양반   ---- 천민

61.3

48.6

50

42.1

36.1

22.9

16.1

23.5

14.3

12.9

8.8

10.5

| 1964~1971 | 1972~1982 | 1983~1999 | 2000~2018 |

[그림 5-4] 여성 등장인물 신분의 변화 추이

걸쳐 주인공으로 등장했다.(장희빈과 관련해서는 3장 '3. 장희빈과 정조의 소
환'을 참고할 것) 장희빈과 장녹수는 악녀나 요부형 인물이고, 혜경궁
홍씨와 인수대비는 비극적인 인물이어서 그만큼 이야깃거리가 풍성
했다고 볼 수 있다. 혜경궁 홍씨와 인수대비는 주인공으로도 여러 차
례 나왔는데 주인공에 준하는 조연까지 합치면 적어도 10번 이상 등
장했다. 영조·정조나 연산군 시대를 다룬 역사드라마에서 이 두 사
람은 빠질 수 없는 중요 인물인 까닭이다.

실존 인물에서 천민(기녀, 노비 등) 출신으로는 〈정화〉(1977)와 〈거
상 김만덕〉(2010)의 김만덕이 2번, 황진이(1967; 1982; 2006)가 3번 등
장했다. 평민 출신의 역사적 인물은 등장하지 않았다. 평민 출신 여
성은 기록의 부재로 인해 주인공으로 삼기가 쉽지 않았을 것이다. 양

반이 주인공인 경우, 정난정이 4번 등장했다.

여성 주인공에서 큰 비중을 차지하는 왕족·양반·천민의 변화 추이를 보면, 양반이 주인공으로 등장하는 경우는 급속히 감소하고 왕족과 천민의 경우는 증가하고 있다. 다만 앞서 언급했듯이, 왕족의 경우 대부분 실존 인물이지만 천민의 경우에는 허구적 인물이 더 많다. 2000년대 이후 천민 출신의 여성 등장인물이 증가했다는 점도 주목할 만한 특징이다.

2000년대 이후 역사드라마에서 인물 설정의 특징 중 하나는 여성 인물이 주인공은 아니라 하더라도 드라마 전체에서 차지하는 역할과 비중이 높아지고 있다는 점이다. 2000~2018년까지 총 123편에 등장하는 여성 조연 인물들을 모두 분석하는 것은 별도로 다시 논의되어야 할 작업이다. 그러나 중요하게 검토할 만한 의미 있는 허구적 여성 인물들은 〈육룡이 나르샤〉와 〈뿌리 깊은 나무〉에서 찾아볼 수 있다.

2. 〈육룡이 나르샤〉의 허구적 여성 인물

〈육룡이 나르샤〉는 고려 우왕 때부터 조선 태종 즉위까지 다루고 있다. 이 드라마에서 조선 건국에 결정적 기여를 한 육룡은 이방원·정도전·분이·땅새·무휼·이성계를 가리키지만, 이야기는 이방원과 정도전을 중심으로 진행된다. 이방원·정도전·이성계는 실존 인물인 반면, 분이·땅새·무휼은 허구적 인물이다.

이야기는 남매간인 분이와 땅새가 행방불명된 어머니를 찾으러 개경으로 가면서 시작된다. 땅새는 당대 최고 무사인 이방지로 정도 전의 호위 무사이며, 무휼은 이방원의 호위 무사다. 분이는 이방원과 연인 관계지만 혼인을 거부하면서 조선 건국에 기여한 육룡의 한 명 으로 그려진다.

고려 말, 분이는 가난한 자작농 출신으로 이서군에서 농사를 짓 고 살아간다. 그즈음 부정 축재에 열을 올리던 권문세도가들은 이서 군 사람들에게 9할의 세금을 부과하고, 마을 사람들이 어렵게 일궈 온 작은 땅덩어리마저 빼앗아간다. 과도한 세금을 피해 황무지를 3 년 동안 개간했지만 그것마저 빼앗기고, 수확한 농작물들도 모두 관 아에서 가져간다. 몰래 땅을 개간했다는 이유였다.

이서군 마을 사람들과 함께 쫓겨나게 된 분이는 밤중에 몰래 관 아 곳간을 찾아가 곡식에 불을 지른다. 분이는 마을 사람들을 이끄는 지도자이면서 정도전의 개혁 정치를 지지한다. 또한, 이성계가 낙마 해서 이방원이 위기에 처해 있을 때 그녀는 조직원을 동원하여 정몽 주와 왕실의 움직임을 파악하기도 한다. 이렇게 드라마 중반까지 이 방원과 정도전을 함께 지지했지만, 나중에 그녀는 두 사람들과 거리 를 둔다. 이방원과 정도전이 갈등하고 끝내 서로 화해하지 않자, 분 이는 거래를 통해 이서군 사람들을 반촌으로 데리고 간다. 분이는 반촌의 행수가 되어 사람들을 이끈다.

분이의 이름에서 '분' 자는 나눔을 뜻하는 한자인 分인데, 그것은 정의를 의미한다고 볼 수 있다. 분이가 정도전을 지지하는 이유는 계민수전計民授田(백성의 수를 헤아려 토지를 나누어주는 것)과 양전量田(논밭을 측량함) 정책 때문이다.

> **정도전** 정치란 나눔이요, 분배요. 정치의 문제는 결국 누구에게 거두어서 누구에게 주는가? 누구에게 빼앗아 누구에게 채워주는가?
>
> **이방원** 정치가 무엇이냐? 네 놈이 그런 것을 알 리가 없지?
>
> **어린 세자**(세종) : 나누어주는 것입니다. 나라의 수많은 재화들을 어떻게 나눌 것인가 누구에게 거두어 누구에게 줄 것인가를 결정하는 것입니다.
>
> —50회.

분이는 나눔의 세상, 나눔의 백성을 상징한다. 분이는 한 개인이라기보다는 백성 전체의 환유이다. 분이는 리더십을 지닌 여성 인물이기도 하다. 권문세족 홍인방이 마을 사람들의 땅을 빼앗자 분이는 땅 소송을 제기하고, 이서군에서 살기 어려워지자 마을 사람들을 이끌고 이성계가 있는 함주로 간다. 또 개경에서는 연통 조직을 이끌기도 한다. 분이는 마을 사람들의 운명을 이끄는 인물로, 마을 사람들은 그녀를 분이 대장이라고 부른다.

"분이 대장, 분이 대장 명을 우리가 허투루 듣겠어?"
"분이 대장을 도당(고려 후기 최고 정무기관)으로! 우리 분이 대장이
있다면 나라를 세우는 건 일도 아니지. 암, 그렇고 말고."

　　　　　　　　　　　　　　　　　　　　　　　　　　—19회.

"분이 대장 말은 항시 옳은겨. 실망이 사치라면 사친겨. 실망하면
지는겨"　　　　　　　　　　　　　　　　　　　—24회.

　어린 나이에도 분이는 마을 사람들을 진정으로 위하는 지도자의
위치를 끝까지 유지한다. 이방원이 정도전을 죽이고 권력을 잡았을
때도 그녀는 마을 사람들을 데리고 무안도라는 섬으로 가서 공동체
삶을 이어간다. 이를 통해 볼 때 그녀는 개인적 가치보다 공동체 가
치를 추구하는 인물이다.
　더욱이 분이는 실천적 태도를 보여준다. 〈육룡이 나르샤〉에서 분
이가 자주 하는 말 중의 하나는 "산다는 것은 무엇을 한다는 거잖아.
뭐라도 해야 사는 거잖아요"(5회)이다. 땅 소송을 하면 권문세도에게
다칠 것이 뻔하므로 소송을 하지 말라는 정도전의 충고에 대한 분이
의 대답이었다. 그녀는 이방원에게도 "살아 있으면 뭐라도 해야 하는
것"(38회)라고 말한다.
　분이가 불의에 참지 못하는 성정을 갖고 있음은, 자신의 오빠 땅

새를 좋아하는 연희가 겁탈당했을 때 땅새가 메밀밭에서 그것을 지켜본 일을 두고 "차라리 같이 죽었어야지. 연희 언니가 오라비를 얼마나 좋아했는데. 그런데 언니가 준 옷을 입고 숨었다고? 같이 죽었어야지!"(4회)라면서 뺨을 때리고, 마을 사람들의 곡식을 빼앗아간 관아를 찾아가 곳간에 불을 지른 행동에서도 알 수 있다. "그래서 난 3년 동안 개간하고 낱알 하나 먹지 못하고 간 죽은 언년이를 위해서라도 뭐라도 할 거야. 살아 있으면 뭐라고 해야 되는 거니까. (곳간에 불을 질러) 공양미 벗 삼아서 다들 극락가라고."(5회)

> "제(분이) 입장에선 먹고살자고 몰래 개간한 것이나 공자님(이방원)
> 말씀대로라면 전 국법을 어긴 것이고, 제 입장에선 억울하게 죽은
> 언년이 장례를 치른 것이나 공자님 말씀대로라면 전 나라 곡식에
> 불을 지른 대역죄인입니다."   ─6회.

분이는 이방원을 사랑했지만 그의 첩이 되기를 거부하고 마을 사람들을 선택한다. 이방원과 결혼한 민다경(훗날 태종 비 원경왕후)이 분이에게 다시 첩으로 올 것을 요청했을 때도 분이는 거절한다. 분이는 사랑의 감정과 이성적 판단 사이에서 자신이 아니라 모두를 위한 선택을 한다.

〈육룡이 나르샤〉는 분이를 비롯하여 다양한 허구적 여성 인물들이 등장한다. 연희는 어린 시절에 분이 오빠인 땅새를 좋아했다. 그

[그림 5-5] 〈육룡이 나르샤〉에 등장하는 주요 여성인물
위 왼쪽부터 차례대로 분이, 연희, 연향, 윤랑, 초영

러나 권문세도 홍인방의 가노家奴들이 이서면 사람들의 땅을 빼앗으러 왔을 때 그들에 의해 겁탈당하고 만다. 연희는 땅새가 보는 앞에서 겁탈을 당한 후 떠돌다가 고려 제일의 정보 상인 조직인 화사단의 대방 초영의 눈에 떠어 화사단 흑첩이 된다. 연희는 정서적으로는 어린 시절 좋아했던 땅새 이방지에게 연정을 품고 있지만, 동시에 정도전의 연인이기도 하다. 그녀는 정도전과 이상적인 세상을 함께 공유하는 동지적 관계를 유지한다.

연희는 권력을 좇지 않고 정도전의 이상국가를 적극적으로 지지하며, 자신이 속한 화사단을 통해 다양한 비밀 정보들을 빼내서 정도 전을 도와준다. 이성계와 조민수(위화도 회군을 함께한 장수)가 대결 국 면에 있을 때, 연희는 자신을 겁탈했던 대근이 조민수의 휘하에 있는 것을 알게 된다. 연희가 "기억해? 메밀밭? 날 봐! 지옥으로 가!"(25회) 라고 말하면서 대근의 목에 비녀를 꽂자, 곧바로 이방지가 와서 그의 목을 벤다. 폭력에 대한 복수를 실행한 것이다. 연희는 정도전에게 끝까지 의리를 지킨 인물이다. 분이는 이방원과 정도전 사이에서 갈 팡질팡하지만, 연희는 자신을 살린 정도전과 그가 꿈꾸는 세상을 포 기하지 않는 신념에 찬 인물이다.

이방원 일파는 정도전을 죽이기 위해 연희를 납치하여 호위 무사 인 이방지를 유인한다. 연희는 이방지에게 자신보다 정도전을 지키 라고 하면서 대의를 위해 스스로 죽음을 선택한다. 이 사건으로 이방 지는 정도전을 구할 시간을 놓친다. 연희는 자신의 아픈 상처를 이상 국가의 추구를 통해 승화한 인물이다.

연향은 분이와 이방지의 어머니이자 비밀 조직 무명을 이끄는 지 도자인 무극이다. 드라마의 중·후반까지만 해도 그녀는 단지 무명의 일개 조직원인 듯이 보였다. 연향이 신라시대부터 700년을 이어온 거대 조직의 최고 지도자라는 설정은 파격적이었다. 그동안 대부분 의 드라마에서 비밀 조직의 우두머리를 남성이 맡았음을 고려하면, 연향은 놀라운 반전의 인물이다. 연향은 자식을 버리고 떠난 것이 아 니라, 분이와 이방지가 어린 시절 죽었다는 가짜 소식을 듣고 무명에 가입했다. 무명은 왕권을 지지하면서 권력을 키우는 비밀 보수 세력이다. 정도권이 신권정치를 추구하자 무명은 이방원을 도와준다. 그러나 이방원은 정도전을 제거한 후 자신을 도와준 무명마저 없애버린다.

연향처럼 또 다른 반전의 인물은 윤랑이다. 윤랑은 공양왕이 왕위에 오르기 전에 그를 위해 춤과 노래를 부르는 여인이었다. 공양왕이 왕이 되기를 거부했던 이유가 바로 윤랑과의 사랑 때문이었다. 나약한 공양왕은 권력을 차지하기보다는 윤랑과 함께 지내고 싶어했다. 그런데 이런 윤랑의 정체는 당대 최고 무사인 척사광이었다. 척사광은 척준경 곡산권법의 마지막 전승자였다. 그녀는 무인으로 사는 삶을 거부해왔지만, 공양왕이 죽고 자신의 아이들이 살해되자 복수를 위해 칼을 잡는다. 윤랑은 결국 이방지와 무휼의 협공으로 죽게되지만, 〈육룡이 나르샤〉에서 최고의 무림 고수는 단연 윤랑이다. 무휼과 이방지가 삼한 제1검이라는 호칭을 들으면서도 정작 이들 각자는 윤랑을 넘어서지 못하기 때문이다. 당대 최고의 무사가 여성인 윤랑이었다는 설정도 시청자에게 놀라움을 주기에 충분했다.

이 밖에 눈여겨볼 또 한 사람의 여성 인물은 초영이다. 그녀는 비국사 적룡과 함께 개경 정보 상단의 대방으로서 냉정한 판단력을 보여주는 지도자이다. 초영은 부패하고 타락한 고려에서 정보가 얼마나 중요한지를 깨닫고 일찍부터 권문 세력에게 정보를 사고파는 화사단을 이끈다. 감정에 휘둘리지 않으며 차갑고 이성적인 인물이다.

초영은 드라마에서 당시 고려의 정보를 가장 많이 알고 있는 사람이 며, 무명을 위해서 일한다.

〈육룡이 나르샤〉는 남성에 종속되지 않은 다양한 여성 인물을 그려내고 있으며, 그녀들은 주체적일 뿐만 아니라 각각의 집단에서 지도자 역할을 수행한다. 동시에 공동체 정신과 자매애·동지애 등을 보여주고 있다는 점에서 기존 역사드라마의 여성 인물이 지닌 한계를 극복한다.

3. 〈뿌리 깊은 나무〉의 소이

〈뿌리 깊은 나무〉는 〈육룡이 나르샤〉보다 먼저 제작되어 방송되었지만 다루는 시대와 인물 등으로 따지면 〈육룡이 나르샤〉의 속편 격이다. 〈뿌리 깊은 나무〉의 소이는 심온 대감의 노비인 걸상의 딸이다. 소이는 한 번 본 글자나 그림은 모두 외우는 천부적인 재능을 갖고 있다. 소이가 어린 시절 좋아했던 사람은 자신과 같은 노비 신분인 똘복이(강채윤)다. 그는 정신장애가 있는 아버지 석삼을 성심껏 모신다.

태종 이방원은 세종 이도의 장인인 영의정 심온을 제거하기 위한 계략을 꾸민다. 이도는 이를 파악하고 밀지를 써서 생각시에게 들려 보내 심온 집의 송 집사에게 비밀리에 전달하려 했으나, 생각시는 이방원의 명을 따르는 조말생에게 포섭되어 이도의 밀지가 아닌 역모가 담긴 밀지를 전달한다. 석삼은 명에서 돌아온 심온 대감에게 밀지를 전달했는데, 그 내용은 군사를 일으켜야 한다는 것이었다. 이 일로 인해 심온은 죽고, 이도는 자신의 무기력함으로 좌절한다.

이 사건은 소이에게도 큰 영향을 미친다. 똘복이가 소이에게 밀지의 내용을 물었을 때, 소이는 마치 글을 읽을 수 있는 것처럼 치기를 부려서 잘못된 내용을 알려주었기 때문이다. 그로 말미암아 주변 사람들이 줄줄이 역모에 엮여 죽는다. 심온 대감의 노비들이 역모에 걸려 옥에 갇혔을 때 마침 탈옥 사건이 발생했는데, 이 틈을 타서 똘복이와 소이도 탈출한다. 이도와 무휼(호위 무사)은 똘복이를 구하여 반촌에 맡기고, 소이는 중전이 궁으로 데려가면서 살아남는다. 소이는 광평대군(세종의 다섯째 아들)의 나인이지만 세종 곁에서 한글 창제 작업을 돕는다.

소이는 역모 사건 과정에서 자신으로 인해 많은 사람이 죽게 되었다는 죄책감으로 실어증에 걸린다. 소이의 실어증은 〈뿌리 깊은 나무〉에서 중요한 상징이다. 즉, 죄책감 때문에 실어증이 생겼지만, 이것은 한 개인의 병증을 넘어서서 언어에 대한 거부를 의미한다. 요컨대 소이는 사회적 언어를 거부한 것이다. 언어는 불평등한 억압의 도구이기 때문이다. 따라서 소이의 실어증은 백성의 실어증이다. 백성들은 자신의 언어를 갖지 못한 상태에서 억울한 착취와 피해를 입기 때문이다.

[그림 5-6] 〈뿌리 깊은 나무〉 13회의 한 장면

실어증으로 말을 잃었으나 소이는 천부적인 재능으로 입 모양을 통해 소리의 원리를 파악하고, 이도를 도와 한글 창제에 결정적인 역할을 한다. 이도는 소이가 자신 때문에 아비를 잃었고 그 이후 말까지 잃었으므로 "내 저 아이의 입을 열기 위해 (글자 만드는 일을) 하는 것이다"(11회)라고 말한다. 소이는 이도가 한글을 만드는 동기를 부여한다. 여기서 '저 아이'란 소이를 지칭하지만 자신의 말을 갖지 못한 백성 전체를 의미하기도 한다.

소이는 한글 창제의 전 과정을 알고 있는 유일한 사람이며, 이도와 집현전 학사들(정인지, 성삼문, 박팽년 등) 사이에서 소통도 담당했다. 이도가 한글을 완성한 뒤 해제를 쓰지 못하는 이유는 소이만 그 모든 한글의 원리를 알고 있는데 갑자기 사라졌기 때문이었다.

[그림 5-7] 〈뿌리 깊은 나무〉 24회의 한 장면

"첫소리 '그'가 어디서 비롯되었는지, 또 가운뎃소리 '여'는 어디
서 비롯되었는지, 이 모두 정리되어 있는 사람은 너(소이)밖에 없
다. 내 모든 과정에서 너에게 일일이 설명했으나 기억을 하고 있
지 않다. 아니 기억을 할 필요가 없었지. 새어 나갈까봐. 하여 우
리 글의 제자制字는 오직 너만이 안다."   —3회

    소이는 비밀단체인 밀본에 납치되었다가 탈출해 도망가던 중
에 독화살을 맞고 쓰러졌다. 이 때문에 한글 반포식에 참석할 수 없
게 되자, 그녀는 자신의 치마를 찢어 이를 종이 삼아서 한글 해제를
작성한 뒤 강채윤으로 하여금 세종에게 전달할 것을 부탁한다.([그림
5-7] 참고)

〈뿌리 깊은 나무〉의 소이는 기존 역사드라마에서 설정된 여성 인물들과는 전혀 다른 창의적 인물이다. 그동안 역사드라마에서 〈대장금〉을 제외하면 나인(궁녀)이 서사의 중심이 된 적은 거의 없었다. 역사적 실존 인물로 무수리 출신인 숙빈 최씨(영조의 어머니)와 상궁인 김개시 등이 등장했을 뿐이다. 허구적 인물로 궁녀가 중요한 역할을 차지하는 경우는 없었다. 역사드라마에서 궁녀는 언제나 왕이나 왕후의 뒤를 따라다니는 역할에 불과했기 때문이다. 그러나 〈뿌리 깊은 나무〉는 한글 창제 과정에서 여성의 역할에 주목한다. 네 명의 궁녀들이 외국어와 방언 등을 연구하여 한글 창제에 결정적으로 기여한다.

> "사대부들은 우리가 글자 만드는 데 관여했는지 꿈에도 생각 못하더라."
> "평소 계집이라 항상 무시하니 누가 상상이나 했겠느냐."
>
> —20회.

〈뿌리 깊은 나무〉에서 소이는 지적으로 매우 우수하고 논리적이며 창의적인 인물이다. 이도가 천지인으로 글자를 만들려고 노력할 때 소이는 단번에 글자의 구조를 만든다. 이도는 "내가 5년이 넘게 고민한 것 아니더냐. 소이, 너와 함께하여 일각도 걸리지 않는구나"라면서 감탄한다. 이것은 한글 해례를 작성할 때도 마찬가지다. 소이는 단지 기억력이 좋은 것만은 아니다. 해례를 쓰려면 논리적 사고와 과학적 능력도 갖추어야 하기 때문이다. 과거 여성 인물이 논리적·과학적 사고를 보여주는 경우는 거의 없었다.

소이는 이도에게 한글 창제를 결심하도록 계기를 마련해주고, 한글 창제의 전 과정에 직접적으로 개입하며, 해제를 쓰고 한글을 백성들에게 유포하는 데도 기여한다. 소이는 백성과 아이들에게 "글자를 알면 온 몸에 부스럼이 생기는데 부스럼이 안 생기려면 그 글자를 적어도 세 명에게 알려주어야 한다"(24회)라는 말을 퍼뜨림으로써 한글의 대중화에도 기여한다.

2000년대 이후의 역사드라마에서 여성 인물들이 다양하게 등장하지만, 드라마 서사의 한 축은 대체로 한 여성 인물을 둘러싼 삼각관계였다. 그러나 〈뿌리 깊은 나무〉에서 사랑 이야기는 드라마의 중심에 놓이지 않는다. 이도가 소이를 각별하게 생각하지만, 그것은 사랑의 감정이 아니라 죄책감 때문이다. 소이와 강채윤은 사랑하지만, 이들의 사랑 서사는 드라마에서 별로 다루어지지 않는다.

소이가 어린 시절의 똘복이가 강채윤이라는 것을 알게 되고 12회와 13회에 걸쳐 실어증을 극복하게 되었을 때, 이도는 소이에게 궁에서 떠나 똘복이와 함께 행복하게 살 것을 명한다. 이에 두 사람은 궁을 나오지만, 소이는 다시 되돌아가려고 한다. 강채윤은 모든 것으로부터 떠나서 단 둘이 행복하게 살자고 애원하는데 소이는 그것을 거부한다.

강채윤 전하의 대의가 너의 대의다? 그런데 말이야. 왜? 어쩌다가.
그 위 것들 대의랑 너랑 우리랑 무슨 상관인데!

소이 그 위 것들 대의가 우리를 죽일 건지 살릴 건지 두 눈 시퍼
렇게 뜨고 봐야 해. 오라버니도 이 일을 해야 돼.

강채윤 그 대의가 뭔대?

소이 글자야. 백성의 소리로 만든, 백성들이 쉽게 쓰고 읽을 수 있
는 글자. 내가 맡은 일이 있어.

—13회.

소이는 사랑보다 한글을 만드는 대의를 더 높게 생각한다. 역사
드라마에서 여성 인물은 공적 역할보다 사랑을 우선시하는 경향이
지배적이었지만, 소이는 사랑보다 대의를 먼저 생각한다. 그리하여
궁으로 돌아가서 이도를 만나고 자신의 일을 하기 위해 왔음을 당당
히 말한다. 소이는 단순히 이도의 조력자로 등장하는 것이 아니라 이
도를 이끄는 역할을 담당한다. 소이는 신분의 한계를 뛰어넘은 백성
자체이면서 새로운 세상을 열어가는 주체인 셈이다.

DRAMA

6장
이병훈의 상상적 역사 쓰기

TV

한국 텔레비전 역사드라마는 이병훈을 빼놓고 논의하기 어렵다. 이병훈은 상상의 역사 쓰기를 통해 역사드라마의 새로운 지평을 연 감독이며, 또한 그로써 작가주의(authorship)*의 지위를 부여받았다. 텔레비전 연출가에게 작가주의의 지위를 부여한 사례는 드문 일이다. '김수현 드라마' '노희경 드라마'로 불리는 경우는 있지만, 연출가 이름을 붙이는 경우는 거의 없다. 표민수, 황인뢰, 김종학, 윤석호 등의 감독도 자신만의 연출 스타일로 주목을 받았지만, 이병훈만큼 새로운 장르 관습을 만들거나 세계관을 구축하지 못했고 지속적으로 대중적 인기를 얻지도 못했다.

* 여기서 작가주의(authorship／auteurism)는 특정 작품 하나에서 나타나는 것이 아니라 텍스트의 총체(corpus of texts) 속에서 발현되는 작가의 세계관과 스타일을 의미한다.

그동안 텔레비전 작가주의 문제는 거의 논의되지 않았다. 여기에는 그 나름의 이유가 있다. 텔레비전이 예술이 아닌 산업으로 간주되면서 연출가(감독)가 자신의 개성을 표현하는 데 구조적 한계가 있다는 것이다. 문학·음악·미술 등 순수예술과 비교할 때 텔레비전 텍스트는 개인 제작이 아니라 집단 제작 방식을 취하고 있다는 점도 텔레비전 연출가의 영향력을 약화시켰다. 반면 영화감독은 텔레비전 연출가와 달리 작가의 지위를 인정받아왔다. 영화 초창기부터 일부 감독들은 자신의 세계관을 구현하는 영화문법과 장르를 만들어냄으로써 영화 형식, 장르, 작가주의 비평의 길을 열었다.

전통적으로 작가주의 감독이란 작품의 전 과정에 절대적 권한을 행사하면서 독창적인 기법, 미장센, 장르 관습, 세계관을 만든 감독을 의미한다. 대표적으로 안드레이 타르콥스키(Andrey A. Tarkovsky), 장 뤼크 고다르(Jean-Luc Godard), 데이비드 그리피스(D. W. Griffith) 등이 있다. 영화 작가주의 용어에는 어느 정도 엄숙주의가 내재되어 있다. 작가주의 감독들은 심오하고 깊이 있는 주제를 다루면서 관객과는 약간 동떨어진 자신만의 세계를 추구한다고 가정되기 때문이다.

그런데 이들이 성취한 예술성을 인정한다고 하더라도 텔레비전에도 똑같이 고전적 작가주의 개념을 적용하기는 어렵다. 제작과 수용 환경, 그리고 텍스트의 특성이 다르기 때문이다. 김주환은 텔레비전에서 작가주의는 반드시 대중 취향과 상반되어야만 하는가, 대중 취향과 맞아 상당한 시청률을 올리면서도 '작가주의'를 표방하는 작

품은 불가능한 것인가 하는 의문을 제기한다.[1]

　고전적 작가주의 시각에서 보면 이병훈은 산업적 생산이나 제도의 틀 안에서 대중 취향에 맞는 작품을 만든 '연출가'로 간주될 수 있다.* 그러나 텔레비전 작가주의가 정의하기 어려운(대체로 형식미에 초점을 맞추는) 예술성과 창조성만으로 평가된다면, 그것은 텔레비전의 생산과 수용 과정을 배제하고 작가 개인의 수준에만 초점을 맞추는 한계를 갖게 된다. 텔레비전 작가주의의 논의는 대중성(혹은 관습)과 예술성(혹은 창의성)** 사이의 유기적 관계 속으로 확장되어야 한다. 이병훈이 지난 40여 년 동안 이룩한 성취를 고려해보건대 그에게 작가의 지위를 부여하는 것은 무리한 수사修辭가 아니다. '작가'로서 이병훈은 역사드라마의 새로운 장르 관습을 만들고 역사 인물들을 과거와 다른 방식으로 소환했다.

---

* 프랑스의 영화 잡지 『카이에 뒤 세네마(Cahiers du Cinema)』의 비평가들은 진정한 '작가(auteur)'와 '연출가(metteur-en-scene)'를 명확히 구분해왔다. 진정한 작가는 예술가로서 창조적 작업을 하면서 자신의 세계관을 영화언어로 개성 있게 표현해내며 영화 내에서 자신의 존재를 현저하게 드러내는 감독을 의미한다. 이런 감독의 작업은 세계관과 스타일의 통일성 속에서 구체화된다. 반면 연출가는 기술자로서 산업적 생산이나 제도의 틀을 벗어나지 못하는 감독을 지칭한다.
** 여기서 창의성은 독창성(originality)을 의미하는 것이 아니라 혁신성(innovation)을 지칭한다. 혁신성은 이전에 존재하지 않은 새로움을 말하기보다 기존에 존재했던 것에 대한 변용 능력을 의미한다.

1. 역사와 멜로드라마의 상상력

이병훈은 〈허준〉을 연출하면서 역사드라마의 방향성을 제시했다. 〈허준〉은 과거 역사드라마와 차별화된 창의적 텍스트였으며, 역사드라마가 대중적 인기를 끄는 데 결정적인 계기를 제공했다. 여성과 청소년 시청자를 역사드라마 속으로 끌어들임으로써 시청자층을 확대했기 때문이다. 이병훈이 〈허준〉을 준비하면서 세운 첫 번째 목표는 젊은 층이 좋아할 수 있는 신선한 역사드라마였다.

젊은 층을 사극에 끌어들이려면 먼저 기존의 틀부터 깨야 한다. 딸이 말한 요지는 간단했다. 사극은 고리타분하다는 것, 칙칙하다는 것, 재미도 없다는 것. 나는 우선 색채부터 바꾸기로 했다. 흰색과 검은색 일색이던 의상을 파스텔 톤 의상으로 바꾸고 화면 배경도 과감히 변화시키기도 했다. 또한 느리게 진행되는 극의 전개를 속도감 있게 하고, 대사 또한 현대어에 가깝게 풀어나가기로 했다. 음악도 기존의 국악이나 클래식이 아닌 뉴에이지풍으로 바꾸었다. 이 모든 것을 위해서는 무엇보다도 작가가 달라야 했다. 새 술은 새 부대에 담아야 한다. 기존의 사극 작가로는 안 된다. 나는 사극을 한 번도 써보지 않은 현대물 작가에게 극본을 맡기기로 결심했다.

—이병훈, 『꿈의 왕국을 세워라』, 해피타임, 2009. 166~167쪽.

이병훈은 「드라마 〈허준〉 제작일지」(2000)에서 역사드라마 연출의 기본 원칙을 제시했다. 이는 곧 빠른 이야기 전개, 화사한 화면(의상, 미용 등), 현대어로 대사 처리, 뉴에이지 스타일의 음악 사용, 편년체 스타일의 사극이 아닌 작가의 상상력 중심으로 이야기 전개, 정보 제공(의학 상식과 의녀 제도 소개), 야외촬영의 경우 카메라 1대로 정교한 화면 설정, 코믹한 인물들을 새롭게 추가하는 것 등이다.

그는 역사와 멜로드라마의 상상력을 결합한다. 이병훈 역사드라마는 이중 플롯 구조로 구성되어 있다. 하나는 역사적 인물의 성공 과정을 그려나가는 것이고, 다른 하나는 멜로드라마의 애정 관계를 묘사하는 것이다. 〈허준〉의 플롯 구조는 의원으로서 허준의 성공기와 인간 허준의 삶과 사랑으로 구성되어 있는데, 그의 다른 드라마들도 역시 마찬가지다. 〈상도〉에서는 임상옥이 조선 제일의 거상이 되는 성공기와 함께 임상옥·다녕·미금의 삼각관계가 전개되고, 〈대장금〉에서는 장금이 생각시로 궁에 들어와 임금의 주치 의관으로 성공하는 과정과 함께 민정호와 중종 사이에서 삼각관계를 이루는 것이 유사하다.

멜로드라마의 상상력은 '엇갈린 사랑'을 기저로 깔고 있다. 허준이 예진과 만나 사랑하지만 결혼은 다희와 하는 것처럼, 임상옥은 다녕을 만나 사랑하지만 미금과 결혼한다. 다만 〈서동요〉에서는 서동과 선화공주가 결혼했다는 설화가 이미 알려진 내용이기에, '엇갈린 사랑'은 두 사람을 제외한 인물들, 즉 위덕왕, 연가모, 목라수, 모진

사이에서 나타난다. 목라수와 연가모는 서로 사랑하는 사이지만, 연가모가 위덕왕의 아이를 잉태하면서 목라수는 모진과 결혼한다.

'엇갈린 사랑'의 구조는 전형적인 멜로드라마의 양식이다. 그러나 이병훈 역사드라마에서 그것은 기존 멜로드라마와 차이를 보인다. 기존 멜로드라마에서 '엇갈린 사랑'은 대체로 도덕성과 윤리 문제가 제기될 소지를 갖고 있지만, 이병훈 역사드라마는 불륜이나 사생아와 같은 도덕 문제를 그려내지 않는다. '엇갈린 사랑'에 기대고 있으면서 '이상적 사랑'을 보여줌으로써 도덕을 위반하지 않는다.

등장인물의 사랑은 개인적인 욕망과 질투에서 나온다기보다 순수함 그 자체로서 그려진다. 〈허준〉에서 허준과 예진, 〈상도〉에서 임상옥과 다녕, 〈대장금〉에서 장금과 민정호, 〈이산〉에서 송연과 박대수, 〈동이〉에서 동이와 차천수의 사랑은 상대를 배려하는 '이상적 사랑'이며, 동시에 수평적 사랑이기도 하다. 허준, 임상옥, 민정호, 박대수, 차천수 등은 자기중심적 사랑을 하는 것이 아니라 상대방을 존중하는 사랑을 보여주기 때문이다. 상대방에 대한 존경과 배려에서 나타난 '엇갈린 사랑'은 선악의 대비가 분명한 멜로드라마의 이기적 사랑과는 큰 차이를 보인다. 한 남자나 한 여자를 두고 삼각관계가 형성되지만, 사랑을 성취하지 못한 등장인물이 악인의 역할을 수행하지도 않는다.

이병훈 역사드라마에서 '엇갈린 사랑'은 성공 신화와 연결됨으로써 긴장을 높이거나 해소하는 역할을 수행한다. 성공 신화에서 긴장감을 높이는 데 '엇갈린 사랑'을 활용한 드라마는 〈상도〉이다. 임상옥은 수단과 방법을 가리지 않는 박주명의 딸 다녕과 사랑하는 사이지만, '엇갈린 사랑'은 이후 이들이 송상松商과 만상灣商의 대행수大行首로서 서로 경쟁할 수밖에 없는 처지로 바뀌며 비극적 사랑으로 확장된다. 〈상도〉의 경우, 이병훈의 다른 역사드라마들에서 '엇갈린 사랑'이 긴장을 해소하는 역할을 담당하는 것과는 사뭇 다르다.

멜로드라마에서 대부분 공적 관계가 사라지고 사적 관계를 중심으로 서사가 진행되는 것과 대조적으로 이병훈 역사드라마에서 사랑은 공적 관계와 사적 관계 사이를 매개해주는 역할을 담당한다. 또한 사랑이 사적 관계임에도 불구하고 그의 드라마 속에서는 공적 관계에 위치하며 역사적 공간과 맥락 안에 놓인다.

이병훈은 긴장과 이완의 연출 전략을 효과적으로 사용한다. 서사 구조의 측면으로 보면, 이중 플롯에서 주인공의 성공 과정은 긴장을 증폭시키고 주인공을 둘러싼 사랑 관계는 긴장을 해소시켜준다. 예를 들어 〈허준〉에서 긴장의 플롯인 성공기는 주로 유도지와 허준의 경쟁, 혹은 허준에게 호의적인 인물들과 허준을 시기하는 인물들 간의 대결 구도로 구성된다. 이완의 플롯은 허준과 다희, 허준과 예진 사이의 사랑, 그리고 코믹한 인물들의 경쾌하고 서민적인 삶의 이야기다.

〈대장금〉에서 장금의 성공기는 수라간 궁녀로서 뛰어난 궁중 요리를 만드는 과정과 내의원 의녀로서 실력을 쌓아 어의녀에 이르는 과정으로 구성되어 있다. 장금이 금영의 질투와 음모를 극복하는 과정, 한 상궁과 최 상궁의 대립은 긴장감을 증폭시킨다. 그러나 장금과 민정호, 중종의 관계는 로맨스를 통해 긴장을 이완시켜준다. 민정호는 장금이 위기에 빠질 때마다 구해주는 역할을 담당한다.

긴장과 이완의 구조는 서사의 기본 구조를 형성하고 있으며, 하나의 에피소드 내에서도 긴장과 이완은 반복적으로 나타난다. 이병훈 역사드라마에는 하나의 에피소드(60여 분) 안에 많은 사건이 전개된다. [표 6-1]은 〈이산〉과 〈동이〉의 첫 회에서 얼마나 많은 사건이 연결되어 있는지를 보여준다.

여기서 긴장은 극적 갈등의 심화, 동적 장면(전투, 쫓기거나 추적), 음모, 빠른 편집 등과 관련되어 있고, 이완은 새로운 인물의 등장, 주인공들의 만남, 화려한 볼거리(도화서나 장악원 등) 등과 연관된다. 일반적으로 드라마의 첫 회는 전체적인 맥락과 흐름을 보여주는 경향이 있다. 그렇지만 이병훈 역사드라마는 첫 회부터 강렬한 긴장감을 부여한다. 그만큼 긴박한 사건들의 수가 많다는 뜻이다. 살해, 음모, 죽음, 도주, 추적 등의 사건들이 첫 회에도 수차례 나타나서 긴장감을 높이고 있다.

매회 등장하는 음모나 비밀은 대체로 다음 회에 밝혀짐으로써 끝나고 새로운 음모가 계속 발생한다. 그만큼 사건이 빠르게 진행된다. 〈대장금〉에서 장금의 출생 비밀이나 〈동이〉에서 아버지의 억울한 죽음, 〈이산〉에서 사도세자의 편지 등은 나중에 알려지지만, 거

[표 6-1] 〈이산〉과 〈동이〉 첫 회 사건들

〈이산〉	긴장/이완	〈동이〉	긴장/이완
영조의 악몽(세자의 왕위 찬탈)	긴장	대사헌 장익헌의 살해 음모	긴장
뒤주에 갇힌 세자를 두고 내시들과 금군의 싸움	긴장	검계가 도주하는 노비를 구함 (전투)	긴장
도화서 화공의 딸 송연의 등장	이완	장악원 연주 장면	이완
도화서 장면	이완	저잣거리 달리기 대회 (동이 등장)	이완
생각시가 되는 송연	이완	동이가 장익헌의 죽음 목격	긴장
어린 이산의 등장	이완	남인 거목들의 죽음	긴장
어린 내관 교육(박대수 등장)	이완	남인 죽음에 대한 서용기 종사관의 수사	긴장
어린 송연과 대수의 만남	이완	시체를 검시하는 최효원(동이 아버지)	긴장
이산, 송연, 박대수의 만남	이완	장악원의 연주와 춤	이완
뒤주에 갇힌 세자를 만나는 이산	긴장	오태석이 남인 거목의 죽음을 검계에게 뒤집어씌움(음모)	긴장
금군에 쫓기는 이산과 송연	긴장	의금부에서 검계 사람들을 포박	긴장
영조가 세자에게 먹거리를 준 역모의 무리들을 잡으라고 명함	긴장	동이가 장익헌이 남긴 패찰을 전달	긴장
이산이 영조에게 간청	긴장	서용기 종사관과 의금부의 갈등	긴장
금군이 세자에게 먹거리를 준 무리를 찾으러 다님	긴장	동이를 죽이려는 의금부의 음모	긴장
송연은 이산이 세손임을 알게 됨	이완	의금부 군관의 죽음	긴장
		의금부가 최효원을 죽이려고 음모	긴장
		동이의 납치	긴장
		최효원이 검계부원들을 소집	긴장

의 모든 음모는 다음 회에 밝혀진다. 추리극 형식의 사건 해결 방식은 긴장과 이완의 과정에서 빈번하게 사용된다. 이병훈의 추리극 형식은 일반적인 추리극과는 다르다. 닐(Stephen Neale)은 추리극의 장르 형식으로 시간의 활용과 (관객이 즐거움을 얻는) 긴장의 확장 과정을 강조한다.[2] 일반적으로 추리극은 처음 사건이 발생했던 과거의 시간으로 되돌아가는 과정을 밟는다. 사건이 발생한 시점으로 돌아왔다는 것은 사건이 해결되었다는 뜻이다. 여기서 시청자는 긴장의 확장 과정을 경험하며 수수께끼가 풀릴 때까지 기다리면서 조바심을 태우고 즐거움을 얻는다. 이병훈 역사드라마는 추리극 형식을 일부 차용할 뿐 추리극 관습을 그대로 따르지는 않는다.

긴장과 이완의 과정에서 배경음악은 긴장을 증폭하거나 해소하는 촉매 역할을 한다. 한 회 방송분 에피소드에서 음악은 대략 25~30번쯤 나오는데, 사건의 수만큼이나 음악 사용도 빈번하다. 과거의 역사드라마에서는 음악이 이렇게 중요하게 사용되지도 않았고, 긴장과 이완의 과정에서 매개하는 역할을 수행하지도 않았다.

긴장과 이완의 전략은 경쟁과 음모 중심의 플롯과 코믹한 주변 인물들 사이의 주변 플롯을 통해서도 이루어진다. 이병훈 역사드라마에는 코믹한 주변 인물들이 설정되어 있다. 〈허준〉에서 임오근(임현식), 구일서(이희도), 함안댁(김해숙), 〈대장금〉에서 수라간 숙수熟手 강덕구(임현식), 내의원 의관 조치복(지상열), 〈이산〉에서 음담서생(임현식), 도화서 화원 이천(지상열) 등이 대표적이다.

2. 영웅서사의 현대적 변용

이병훈은 한 인터뷰에서 자신의 역사드라마가 '퓨전 사극'으로 불리는 것에 의문을 제기했다. 즉, 자신의 드라마는 여러 가지의 장르 요소(역사드라마, 멜로드라마, 수사극, 의학드라마 등)들을 하나의 드라마 안에 혼합해놓은 '퓨전 사극'이 아니라는 뜻이었다. 오히려 그는 자신의 역사드라마를 '현대 사극'이라고 말한다. '퓨전 사극'이나 '현대 사극'이라는 용어는 공식적으로 사용되는 장르 정의가 아니지만, 자신의 역사드라마를 '현대 사극'이라 부른 것은 현대적으로 변용했음을 의미한다.

이병훈 역사드라마는 고전 영웅서사의 전략을 그대로 차용하고 있다. 주인공의 인물 설정부터 조력자의 역할, 방해자의 등장, 목표 달성까지 고전 영웅서사의 전형적인 구도에서 벗어나지 않는다.[3]

① **출생의 비밀 혹은 비정상성**: 주인공은 태생적 한계를 지닌다.

② **인물의 비범함**: 주인공은 어린 시절 남다른 비범함이나 탁월함을 보여준다.

③ **떠남 혹은 추방**: 주인공은 자신의 고향이나 가족 관계로부터 떠나거나 추방된다.

④ **통과의례**: 주인공이 목표를 달성하기 위해 통과의례를 치른다.

⑤ **위기와 극복**: 주인공은 수많은 위기에 빠지지만 자신의 비범함

과 조력자의 도움으로 극복한다.

⑥ 성취: 주인공은 투쟁적으로 위기를 극복해서 목표를 달성한다.

대체로 영웅서사는 예언자가 나타나서 등장인물의 운명을 말해준다. 〈대장금〉 첫 회에서는 어떤 도사가 장금의 아버지 서천수를 보고 다음과 같이 예언한다. "네 운명을 세 명의 여인이 쥐고 있구나. 첫 번째 여인은 네가 죽이나 죽지 않을 것이요, 두 번째 여인은 네가 살리나 너로 인해 죽을 것이며, 세 번째 여인은 너를 죽이나 많은 사람을 살릴 것이다." 첫 번째 여인은 폐비 윤씨이고, 두 번째 여인은 장금의 어머니인 박 나인이며, 세 번째 여인은 장금이다. 〈서동요〉 첫 회에서도 목라수가 녹색 섬광을 보고 찾아가니 뚜껑에 글이 새겨진 청동대로가 놓여 있고, 거기에는 "향을 피운 자 왕이 되리라. 왕은 다시 백제를 세우고 크나큰 영광을 이루리라"는 글귀가 쓰여 있다. 〈동이〉에서도 한 도사가 장희빈에게 어떤 여인(동이를 뜻함)이 희빈이 가진 것을 모두 취하게 될 것이라고 예언한다.

이병훈 역사드라마는 고전 영웅서사의 전략을 따르지만 현대적으로 변용한다. 이것은 그의 역사드라마가 상상적 역사 서술 방식으로 씌었기 때문에 가능했다. 만일 사서史書에 충실한 기록적 역사 서술로 진행되었다면 현대적 변용을 만들어내기가 어려웠을 것이다. 왜냐하면 역사적 사실에 얽매여 새로운 해석이나 변용이 힘들기 때문이다.

이병훈 역사드라마들은 역사적 시기를 분명히 제시하면서 출발한다. 〈허준〉의 출발점은 1568년(선조 1) 평안도 의주이고, 〈대장금〉은 1482년(성종 13)에 일어난 폐비 윤씨 사건이며, 〈서동요〉는 서기 554년 백제 제26대 성왕 32년으로 성왕이 신라군에게 죽임을 당한 해이고, 〈이산〉은 1762년(영조 38) 윤5월 19일로 사도세자가 뒤주에 갇혀 죽기 이틀 전이다. 또한 〈동이〉의 출발점은 1681년(숙종 7)으로 남인과 서인의 대립이 심했던 시기로 설정되어 있다. 이렇듯 중요한 역사적 계기가 되는 사건을 이야기의 배경으로 삼고, 그 시대의 권력 관계를 기본 축으로 설정한 다음, 천민이나 서민, 혹은 중인을 주인 공으로 삼아 인물의 성공 신화를 그려낸다. 각각의 역사드라마에서 몇 가지 중요한 역사적 사건만이 사실로 존재할 뿐 나머지는 대부분 상상적 역사 서술로 구성되어 있다.

김태연은 〈대장금〉이 현대적 변용을 통해 기존 영웅서사들에서 상대적으로 저평가되었던 여성의 자질(미각, 감각 등)을 위기 극복의 능력으로 제시했다고 말한다. 이는 현대의 문화 흐름에서 부각되고 있는 여성성·주변성에 대한 욕망과 관련되어 있다고 말한다. 또한 주인공 장금이 호기심과 도전 정신 등도 겸비한 이상적 인물로 구현되어 있다는 점에서 대중성의 토대를 갖췄다고 지적한다.[4] 이병훈 역사드라마는 다양한 인물 형상화를 통해 당대 대중이 요구하는 새로운 인물 유형을 제시하고 있는데, 이는 바로 그의 드라마가 지닌 현대적 변용을 잘 보여주는 것이다.

3. 비주류와 여성의 역사 쓰기

이병훈 역사드라마에 나오는 등장인물들은 천민, 서자, 중인 출신이 대부분으로, 이른바 비주류의 삶을 살았던 사람이다. 서출로 궁중 최고의 의관이 되고 마침내 정1품까지 오른 허준, 중인 출신으로 거부가 된 임상옥, 『조선왕조실록』에 몇 차례 이름이 나오지만 실상이 명확하지 않은 의녀 장금, 왕자의 신분이지만 저잣거리에서 마를 팔며 살아야 했던 서동, 주류 세력으로부터 끊임없이 배척받았던 정조, 무수리 출신으로 숙빈 품계에까지 오른 동이, 옥獄에서 태어난 옥녀 등이다. 이병훈은 이와 같은 인물 선택 이유를 다음과 같이 말한다.

> 나는 평소부터 역사 속에서 소외되거나 무시되어온 이들의 삶에
> 주목해왔다. 고단한 삶에 주저앉지 않고 당당하게 일어서는 사람
> 들의 이야기를 통해, 영혼의 무게는 누구나 똑같다는 이야기를 하
> 고 싶었기 때문이다. 그래서 남성보다는 여성에, 양반보다는 중인
> 이나 천민의 삶에 더 천착해왔다.
>
> ─이병훈, 앞의 책, 2009, 201쪽.

이병훈이 주목하는 것은 역사를 살았던 비주류 사람들의 성공 신화다. 허준, 대장금, 임상옥, 숙빈 최씨(동이)에 대한 역사 기록은 매우 제한되어 있다. 사실상 그런 인물이 살았다는 사실과 그들에 대한 편

린만이 남아 있을 뿐이다. 이병훈은 허준에 관한 자료를 찾던 중 조선의 의녀 교육제도를 알게 되었고, 중종 임금의 기록 중에 "내 병은 장금이가 안다. 의관이 따로 필요 없다"라는 말을 논문에서 읽은 뒤 〈대장금〉을 기획했다고 술회한다.

이병훈이 비주류의 삶에 주목하는 것은 역사적 상상력을 활용할 수 있는 여지가 크기 때문이다. 비주류의 역사는 상상의 역사를 가능하게 만든다. 이병훈은 그동안 역사책에서 익히 보아온 인물들을 해체하고 재구성하거나, 역사책에서 볼 수 없었던 인물을 전면에 내세움으로써 역사를 새롭게 서술한다. 이병훈은 사서에 떠돌아다니는 기표들을 통해 사건과 공존 가능한 계열들을 재구성한다.

이병훈의 역사 인식은 '비주류의 진정성'이다. 역사를 그려낼 때 사서의 기록적 역사 서술을 배제하고, 역사 이면에 존재하여 눈에 잘 띄지 않았던 민초들이나 비주류의 역사를 역사적 상상력으로 구성했다는 점에서 그렇다. 이와 같은 그의 역사 인식은 인물 형상화와 사건 구성 방식에서도 두드러지게 나타난다. 예컨대 〈상도〉에 형상화된 임상옥이라는 인물을 살펴보자. 흔히 거상이라고 하면 뚝심 있고 배포가 두둑하며 인상이 강하다는 고정관념이 있다. 그러나 〈상도〉에 나오는 임상옥의 거상 이미지는 부드럽고 따뜻하다. 편안한 느낌과 인상, 그리고 타고난 유머 감각까지 갖춘 사람으로 거상의 모습을 그려낸 것이다.

〈이산〉에서 그려낸 정조와 정약용도 마찬가지다. 정조는 조선 후기 당파가 각축을 벌이는 정쟁 속에서 파란만장한 삶을 살았지만, 송연과의 혼례식에서 윙크를 하고 익살스러운 모습을 보여주었다. 아마도 개인사의 아픔을 겪은 정조가 버틸 수 있었던 힘은 자신의 슬픔을 승화시키는 유머를 갖고 있었던 데서 비롯되었으리라고 해석했기 때문일 것이다. 정약용은 조선시대 제일가는 천재였다. 이병훈은 정약용이 비범했던 만큼 엉뚱하고 기발한 생각을 많이 했을 것이고, 그래서 재치와 유머도 풍부했을 거라 해석한 것이다. 〈동이〉에서 숙종의 국왕답지 않은 방정맞은 행동들도 마찬가지다. 기존의 역사드라마에서 왕은 권위적인 인물로 나오지만, 인간으로서 모든 왕이 늘 위엄을 세운 행동만 하지는 않았을 것이다. 역사적 인물에 대한 재치있는 해석은 역사서에서 나올 수 없는, 이병훈만의 해석과 진정성을 보여준다.

이병훈 역사드라마의 진정성은 주변 인물들인 하층민이나 소외된 사람들에 대한 그의 관심에서 나온다. 하층민이나 권력으로부터 소외된 인물들을 주인공으로 내세우는 것 외에도 이병훈 역사드라마는 서민의 삶과 정취를 당대의 일상적인 모습 속에서 세심하게 그려낸다. 이병훈 역사드라마에서 중요하게 나오는 배경들 중의 하나는 저잣거리다. 그가 연출한 많은 드라마에서 저잣거리는 핵심 공간은 아니지만 부차적 공간으로 이야기를 풍요롭게 만들면서 서민들의 삶을 그려내는 장소로 등장한다.

이병훈 역사드라마는 멜로드라마와 결합되어 있기 때문에 기존 멜로드라마처럼 여성 인물의 지배력이 높은 편이다. 그러나 이것은 단지 멜로드라마의 구조를 따르고 있기 때문만은 아니다. 이병훈 역사드라마에 나오는 여성 인물들은 새롭게 해석되고 재창조된다.

여성주의 시각은 주인공이 남성인 〈상도〉, 〈허준〉, 〈서동요〉에서도 마찬가지로 나타난다. 다녕, 예진, 선화공주 같은 여성 인물들도 장금과 유사한 성격을 지니고 있다. 특히 〈상도〉에서 다녕의 모습은 기존에 남성의 활동 영역으로 여겨지던 경제 영역에서 적극적으로 묘사된다. 다녕이 의주 송상의 대행수라는 설정은 파격에 가깝다. 조선시대 대표적 상인 집단의 하나인 송상의 대행수를 여성으로 설정한 점은 이병훈의 여성관을 보여준다.* 다녕은 아버지 박주명과는 명백히 다른 성격을 갖고 있다. 박주명은 수단과 방법을 가리지 않고 부를 축적하는 상인이지만, 다녕은 정당한 경쟁 관계와 상도를 지키고자 하는 인물이다. 다녕은 친구에 속아서 가짜 왜은倭銀을 청국 상인에게 판매하려는 임상옥을 질타하고, 박주명이 연경에서 돌아오면서 밀수한 유황을 임상옥 부자가 가져온 것으로 꾸민 음모에 대해서도 아버지에게 송상의 상도를 어겼다고 비난한다. 이렇듯 주변 인물들이 끊임없이 벌이고자 하는 상술을 그녀는 단호히 거부하고 송상

---

* 물론 〈상도〉는 최인호의 원작 소설을 기반으로 만든 드라마이기 때문에 여성 대행수 설정은 최인호의 세계관이라고 볼 수 있다. 그러나 이병훈이 〈상도〉를 드라마로 계획하면서 다녕의 모습을 소설에서보다 한층 더 적극적인 여성으로 재해석한 것은 분명하다.

의 상도를 지키면서 상인의 의리와 원칙을 고수하는 인물이다.

이병훈 역사드라마에서는 '여성주의 유대 관계'도 강하게 나타난다. 〈대장금〉에서 한 상궁은 조직의 수장으로서 원칙과 공정함을 잃지 않고 장금을 신뢰하며 이끌어준다. 장금이 의녀가 되는 길을 도왔던 제주 의녀 장덕 역시 스승인 동시에 동지와 같은 관계를 유지한다. 또한 〈이산〉에서 송연을 지원하고 후궁이 되도록 도와주는 인물은 정조 왕비인 효의왕후이며, 〈동이〉에서 동이를 지지하는 인물은 인현왕후다.

그렇다고 여성들 사이의 유대 관계만 있는 것도 아니다. 당연히 갈등도 존재한다. 하지만 이 갈등은 사랑을 독차지하기 위한 것이 아니며, 극의 핵심을 구성할 만큼 중요하거나 크게 부각되지도 않는다. 〈허준〉의 예진과 다희, 〈상도〉의 다녕과 미금, 〈서동요〉의 선화와 은진은 한 남자를 두고 서로 갈등하는 관계지만, 이들 사이에서 질투와 음모는 거의 나타나지 않는다. 오히려 사랑 때문에 벌어지는 질투와 음모의 주체는 〈허준〉의 유도지, 〈상도〉의 정치수, 〈서동요〉의 사택기루에게서 나타난다.

때로 여성 인물들 사이에 갈등이 강하게 나타나기도 한다. 〈대장금〉에서 최 상궁과 한 상궁, 그리고 장금과 금영, 〈동이〉에서 동이와 장희빈이 대표적이다. 그러나 이들의 갈등 관계는 단순히 사랑 문제 때문이 아니라 권력관계의 구조 속에서 빚어진다. 최 상궁과 금영은 수라간 최고 상궁을 배출해온 집안 출신으로 전통을 이어가겠다는 권력의지를 지니고 있으며, 장희빈은 남인과 서인이 갈등하는 정치 구도 속에서 권력을 유지하지 못하면 죽을지도 모른다는 긴박한 상황에 놓여 있다. 이들은 음모를 꾸미지만, 그것이 악녀의 본성 때문이라고 말할 수는 없다.

이병훈은 한 신문과의 인터뷰에서 "드라마는 꿈이며, 현실에서 이루지 못한 꿈, 혹은 이루고 싶고 이루려고 노력하는 꿈을 보여주고 싶다"[5]라고 말한 바 있다. 그의 자전적 에세이 『꿈의 왕국을 세워라』(2009)에서도 '꿈으로서 역사 쓰기'를 강조했다. 드라마가 꿈이라는 그의 말은 새로운 것이 아니다. 허구물(영화나 소설)들은 대부분 꿈꾸기의 기능을 수행하기 때문이다. 꿈이 현실의 결핍과 상실을 무의식적으로 충족하는 것이라면, 이병훈은 이 시대 대중이 자신의 드라마를 시청함으로써 역사로부터 현실 속의 결핍을 충족하기를 기대하고 있는지도 모른다. 꿈은 과거 사건이 무의식적으로 표출된 것이라는 프로이드의 정의를 받아들이면, 역사 역시 과거 자체가 아니라 과거 사건의 대리물이라는 점에서 꿈과 같은 기능을 수행한다.

이병훈의 작가주의는 역사와 꿈의 관계 속에서 형성되어왔다. 그가 생각하는 역사는 권위·민족·주류로서의 역사가 아니라 탈권위·탈민족·비주류로서의 역사이며, 꿈을 표현하기 위한 공간(혹은 장식)으로서의 역사인 셈이다. 이병훈의 역사드라마가 상상적으로 서술되는 이유는 역사 속의 꿈, 혹은 꿈속의 역사를 그려내기 때문이다. 역사가 꿈을 표현하는 표상 공간으로 설정되어 있기 때문에 역사적 사실 자체는 그에게 중요하게 작용하지 않는다. 대신 세팅, 스펙터클, 무대장치, 의상, 과거 생활양식으로서 역사 공간이 강조되고, 이것은 기록으로서의 역사적 사실을 메우는 기능을 담당한다.

〈허준〉에서 중요 무대인 산음마을이나 문둥병자들의 집단 거주지 등과 같은 오픈세트와 더불어 고전 한약방에서 사용하는 의료 기구나 한약재, 그리고 고증을 바탕으로 하되 화면의 화사함을 만들기 위해 제작된 의상들은 대중으로 하여금 허구의 이야기 구조 안으로 몰입시키는 효과를 만들었다. 이병훈 역사드라마에 등장하는 화려한 볼거리로서의 역사는 꿈꾸기의 역사를 보완하는 장치다.

이병훈의 역사는 민족주의적인 경향과 일정한 거리를 두고 있다. 1990년대 중반 이후 민족주의는 역사드라마의 한 축을 형성했다. 〈태조 왕건〉, 〈제국의 아침〉, 〈불멸의 이순신〉, 〈주몽〉, 〈연개소문〉, 〈해신〉 등은 강한 민족주의와 가부장제를 기반으로 삼고 있다. 이병훈은 어쩌면 강한 민족의 소환이 당대 시대적 흐름과 맞지 않는다고 판단했는지도 모른다. 그리하여 강력한 민족주의를 내세우기보다는 내의원, 태학사, 장악원, 도화서 등을 통해 의술, 과학, 음악, 그림 등의 세계를 간접적으로 보여주었다. 그렇다고 이병훈이 탈민족주의를 지향했다고 평가하기는 어려울 듯하다. 교육으로서의 역사를 강조하고 있는 점에서 보듯, 이병훈 역사드라마의 기저에는 민족주의적 성향이 내재되어 있기 때문이다. 다만 가부장적 민족주의를 직접적으로 드러내고 있지 않다는 점에서 다른 역사드라마들과 차별화된다.

꿈으로서의 역사 쓰기는 이병훈 역사드라마가 대중성을 획득하는 데 기여해왔다. 이것은 현실의 결핍과 상실을 보상해주는 기능을 수행했다. 이병훈은 기존 드라마의 장르 관습을 활용하여 대중에게 친근하게 접근하면서도 새로움을 지향해왔다는 점에서 '대중 미학'을 추구했다고 평가할 수 있다. 역사드라마의 장르를 새롭게 만들어내기 위해 그는 멜로드라마의 장르 관습, 이중적 플롯 구조, 트렌디 드라마의 편집과 음악, 추리 형식의 도입, 코믹한 인물 설정 등을 끌어들였다. 이러한 설정과 장치는 시청자에게 친숙하게 다가왔고, 과거에 남성이 주로 시청했던 역사드라마의 영역을 넓히는 데 기여했다. 게다가 이병훈은 고전적 영웅서사를 현대적 서사로 변용시키고, 권위나 주류의 역사에서 벗어나 비주류의 역사를 기술함으로써 새로움을 추가했다.

이병훈 감독의 작품 연보

1974년	〈113 수사본부〉로 연출가 데뷔
1975년	〈제3교실〉
1978년	〈역사의 인물〉
1980년	〈사랑의 계절〉
1980년	〈의친왕〉(3부작)
1981년	〈수사반장〉
1981~1984년	〈암행어사〉
1982년	〈거부실록〉 '남강 이승훈'
1982년	한미수교 100주년 특집극 제1화 〈제너럴셔먼호〉(2부작)
1983년	조선왕조 500년 시리즈 제1화 〈추동궁마마〉
1983년	조선왕조 500년 시리즈 제2화 〈뿌리 깊은 나무〉
1984~1985년	조선왕조 500년 시리즈 제3화 〈설중매雪中梅〉
1985년	조선왕조 500년 시리즈 제4화 〈풍란風蘭〉
1985~1986년	조선왕조 500년 시리즈 제5화 〈임진왜란壬辰倭亂〉
1988년	조선왕조 500년 시리즈 제8화 〈인현왕후仁顯王后〉
1988~1989년	조선왕조 500년 시리즈 제9화 〈한중록閑中錄〉
1989년	조선왕조 500년 시리즈 제10화 〈파문破門〉
1990년	조선왕조 500년 시리즈 제11화 〈대원군大院君〉
1997년	〈세 번째 남자〉
1999~2000년	〈허준〉
2001~2002년	〈상도〉
2003~2004년	〈대장금〉
2005~2006년	〈서동요〉
2007~2008년	〈이산〉
2010년	〈동이〉
2012~2013	〈마의〉
2016년	〈옥중화〉

DRAMA

7장
역사드라마의 장르사

TV

텔레비전 최초의 역사드라마 〈국토만리〉(KBS, 박신민 극본, 김재형 연출)는 1964년에 방영되었다. 그동안 한국 텔레비전 역사드라마는 어떻게 변화되어왔는가?

이병훈은 역사드라마의 변화 과정을 ① 초창기(1964~1968): 첫 역사드라마의 방영에서 KBS와 TBC의 제작 시기, ② 발전기(1969~1975): 방송 3사의 경쟁 시기, ③ 전환기(1976~1989): 정부의 편성 통제에 따른 민족사관 정립극 제작 시기, ④ 전성기(1981~1990): 컬러 방송의 시작과 정사드라마 경쟁 시기, ⑤ 침체기(1991~1994): 역사드라마의 퇴조 시기, ⑥ 부흥기(1995~현재 1997): 역사드라마에 대한 관심 고조 시기로 구분했다.[1] 이것은 생물학적 기능 분류법으로 볼 수 있는데, 기능적 구분은 장르 내적인 변화를 밝혀내기 힘들다.

정영희는 한국 사회의 변화에 따라 텔레비전 드라마의 변화 시기를 구분했다. 그는 1964년에서 2005년까지 방영된 한국 전체 드라마를 변화 시기별로 나누었는데, 그중 역사드라마와 관련된 부분을 살펴보면, ① 옛이야기 들려주기와 영웅이야기(1964~1969), ② 민족정신 함양(1970~1974), ③ 민족사관 정립(1975~1980), ④ 민족 정체성 함양(1981~1986), ⑤ 시련기 민족의 삶(1987~1991), ⑥ 역사 즐기기(1992~1995), ⑦ 시의성으로서 역사(1996~현재 2005)이다.[2] 이 시기 구분은 사회 변화 과정에 초점을 맞추고 기존 드라마의 변화 과정 틀 속에서 역사드라마를 정의하는 한계가 있다.

장르의 변화 과정은 크게 두 가지 관점에서 파악될 수 있다. 하나는 텍스트의 내적 변화 과정으로 형식·내용 면에서 변용과 차이를 비교하는 것이고, 다른 하나는 텍스트의 외적 변화 과정으로 사회적 맥락, 수용자의 취향, 기술 등으로부터 장르를 논의하는 것이다. 텍스트의 내적 변화 과정은 '텍스트의 코드화'라고 볼 수 있으며 일관된 흐름을 파악할 수 있는 반면, 텍스트의 외적 변화 과정은 분절적이거나 파편적인 특성을 지닌다. 텍스트의 외적 변화는 텍스트의 코드화에 '한계를 설정'하는 역할을 수행한다. 한계를 설정한다는 것은 외적 요인들이 장르 변화에 직접적인 영향을 미치기보다 변화의 범위를 설정한다는 뜻이다.

지금까지 한국 역사드라마에 관한 장르사적 논의는 별로 없었다. 이에 마지막으로 7장에서는 역사드라마의 장르사를 네 가지 관점에서 살펴볼 것이다. 첫째, 역사드라마 변화 과정에서 변화의 계기가 되었던 드라마는 어떤 것들인가? 둘째, 1964~2018년까지 350편의 역사드라마 내용 분석을 바탕으로 살펴볼 때 코드화 과정(형식, 배경, 서사, 서술 방식)은 어떻게 변화되어왔는가? 셋째, 역사드라마 제작 편수와 원작의 각색은 어떻게 변화되어왔는가? 넷째, 역사드라마를 시기 구분하여 볼 때 각 시기마다 어떤 특징들이 나타나는가?

1. 역사드라마 변화의 계기

역사드라마는 시대에 따라 다양하게 변화되어왔는데, 이 변화에 계기가 되는 작품들이 있다. 역사드라마는 기존 드라마와 유사하게 제작되지만 차이와 변용을 통해 전환점을 제시하기도 한다. 이것은 역사드라마의 내재적 변화, 시청자의 관심, 사회적 맥락의 흐름 속에서 전개된다. 변화의 전환점을 제공한 역사드라마로는 [표 7-1]에 정리한 작품들을 들 수 있다.

1960년대에는 영화, 텔레비전 드라마, 라디오 드라마 사이에 교류가 있었다. 〈민며느리〉(1964, TBC)는 방영 이듬해인 1965년에 영화로 제작되었다. 〈민며느리〉가 텔레비전에서 방영될 때 어느 정도로 시청자의 관심을 끌었는지에 대해서는 기록이 없지만, 방영되고 난 뒤 영화로도 제작되었다는 점을 고려하면 그 반응이 꽤 높았으리라 판단된다. 한편 1962년 라디오 드라마로 방송되었던 〈수양대군〉은

[표 7-1] 역사드라마의 변형과 맥락

시기	역사드라마	새로움과 변형	맥락
1964	〈국토만리〉(KBS)	허구적 서술 방식, 최초의 역사드라마	TBC 개국
	〈민며느리〉(TBC)	1965년 영화로 제작	드라마와 영화의 교류
1966	〈수양대군〉(KBS)	1962년의 라디오 드라마를 드라마화	라디오와 텔레비전의 교류
	〈대원군〉(TBC)	인물 중심 역사드라마	
	〈임꺽정〉(KBS)	최초 의적 드라마	
1967	〈성춘향〉(TBC)	최초 고전소설 각색	1969년: MBC 텔레비전 방송 시작
1970	〈국난의 영웅들〉(KBS)	국민 계도의 목적드라마, 이후 국난 극복 드라마와 민족사관 정립극으로 변화	정부의 계도 정책
1971	〈장희빈〉(MBC)	일일연속극으로 인기	역사드라마 경쟁
1979	〈토지〉(KBS)	왕조사 중심의 역사소설에서 탈피	KBS1(1987~1989)과 SBS(2004)도 제작
1982	〈풍운〉(KBS1)	정사드라마의 출발, 조선왕조 500년 시리즈 (1983~1990)	
1983	〈개국〉(KBS1) 〈추동궁마마〉(MBC)		
1995	〈용의 눈물〉(KBS1)	현실과 드라마의 시의성, 높은 시청률	역사드라마 침체기를 벗어나는 계기
1999	〈허준〉(MBC)	역사드라마 연출의 변화, 평균 시청률 48.3%	상상적 역사 서술의 대중화, IMF 경제 위기와 성공 신화
2000	〈태조 왕건〉(KBS1)	고려사에 대한 관심	대형 오픈세트(지자체)
2001	〈여인천하〉(SBS)	권력과 여성의 표상 변화	여성 인물의 재해석
2003	〈대장금〉(MBC)	새로운 여성 인물의 제시	한류 드라마에 기여
2003	〈다모〉(MBC)	사전 제작제 도입	다모폐인(새로운 시청자 집단의 등장)

2006	〈주몽〉(MBC)	고조선 말 배경, 고구려 건국사 평균 시청률 49.7%	고구려 역사드라마 제작 붐
2008	〈비천무〉(SBS)	만화 원작	
2012	〈닥터진〉(MBC)	타임 슬립 드라마	

텔레비전 드라마(1966, KBS)로 다시 제작되었다. 이 두 작품은 매체 간 교류를 보여준 첫 번째 사례이다. 〈성춘향〉(1967, TBC)은 최초로 고전소설을 각색한 드라마였다. 〈춘향전〉은 1967년, 1971년, 1974년, 1984년에 걸쳐 네 차례나 방영되었다.

1970년의 〈국난의 영웅들〉(KBS)은 본격적인 정책 역사드라마다. 1970년 박정희 정권은 민족정신의 함양과 건전한 사회 지향이라는 대전제하에 드라마 제작 지침을 제시했다. 국영방송이었던 KBS는 〈국민교육헌장무대〉와 〈국난의 영웅들〉을 편성했다.[3] 〈국민교육헌장무대〉는 사회 계도를 목적으로 한 현대극이며, 〈국난의 영웅들〉은 민족정신 함양을 목표로 제작된 역사드라마였다. 〈국난의 영웅들〉은 3부작으로 50분씩 구성되었는데, 장보고, 태조 왕건, 강감찬, 삼별초 등을 다루었다. 1970년 7월부터 〈국난의 영웅들〉은 연속사극 형식으로 바뀐 뒤 효종의 북벌을 다룬 〈북벌검〉(1970, KBS)과 〈김옥균〉(1970, KBS) 등으로 이어졌다.

〈장희빈〉(1971~1972, MBC)은 높은 시청률을 기록하면서 일일연속극으로 인기를 끌었다. 〈장희빈〉은 역사드라마가 일일연속극으로 정착하는 데 상당한 기여를 했으리라 추측된다.* 장희빈은 거의 10년 주기로 역사드라마의 주인공으로 등장했는데, 언제나 당대 최고의 배우가 그 역할을 맡았다. 이성계(태조)나 수양대군(세조)과 마찬가지로 장희빈 역시 시대에 따라 재해석되는 대표적인 인물이다.

〈토지〉(KBS)는 박경리의 소설을 원작으로 1979년에 처음 드라마로 제작되었다. 이후 KBS1은 3년에 걸쳐 〈토지 1부〉(1987), 〈토지 2부〉(1988), 〈토지 3부〉(1988), 〈토지 4부〉(1989)를 제작했고, SBS도 같은 제목의 드라마 〈토지〉를 2004년에 방영했다. 역사소설 『토지』가 역사드라마로 들어왔다는 것은 과거 왕조사 중심의 역사소설에서 민중의 삶을 총체적으로 다룬 역사소설로 관심이 바뀌었다는 점을 보여준다.

1960~1970년대의 역사드라마는 김동인의 『수양대군』, 박종화의 『여인천하』,** 유주현의 『대원군』 등과 같이 왕조의 권력투쟁을 다룬 역사소설을 각색한 것들이었다. 〈토지〉(1979, KBS) 이후 역사드라마로 각색된 소설들은 대부분 격동기 시절 민중의 삶을 아래로부터 다룬 것들이다.

〈풍운〉(1982, KBS1), 〈개국〉(1983, KBS1), 〈추동궁마마〉(1983, MBC)

---

* 1970년 〈아씨〉(TBC)는 일일연속극으로 당시 최고의 인기를 누렸다. 1971년 〈장희빈〉(MBC), 1972년 〈여로〉(KBS)가 방영되면서 일일연속극은 시청률 경쟁의 중심이 되었다.

** 〈여인천하〉는 2001년에도 SBS에서 드라마로 제작되었다.

는 정사드라마의 계기가 되었던 작품이다. 1979년 유신체제의 붕괴 이후 역사드라마는 국민 계도라는 목적에서 탈피하여 기록적 역사 서술 방식으로 전환되었다. 당시 제작되었던 〈독립문〉(1984, KBS1), 〈뿌리 깊은 나무〉(1983, MBC) 같은 역사드라마들은 『조선왕조실록』이나 『승정원일기』 등 공인된 역사 기록과 학술 논문을 많이 참고했고, 고증에도 많은 관심을 기울였다.

2000년대 이후 역사드라마의 내재적 발전에 가장 중요한 역할을 담당했던 작품은 〈허준〉*(1999~2000, MBC)이다. 〈허준〉은 상상적 역사 서술 방식과 새로운 연출로 주목을 받았다. 이병훈은 〈허준〉의 연출 원칙으로 빠른 전개와 편집의 정교화, 사료 중심에서 탈피, 조명과 화면의 형식미 추구, 미술 부문(의상, 분장)의 변화, 현대음악의 사용 등을 제시했다.[4] 〈허준〉의 서술 방식과 연출은 2000년 이후 역사드라마의 제작 방식에 중요한 영향을 미쳤다.

2. 코드화의 변화 과정

역사드라마의 코드화 과정으로는 형식, 시대 배경, 서사, 서술 방

---

* 인물 허준은 〈집념〉(1975, MBC), 〈동의보감〉(1991, MBC), 〈허준〉(1999, MBC), 〈구암 허준〉(2013, MBC) 등 역사드라마에서 네 차례 등장했다.

[표 7-2] 시기별 특징적인 역사드라마 형식 단위: 편(%)

	1964~1971	1972~1981	1982~1994	1995~2018	계
주간연속극	57(85.1)	26(30.6)	10(17.2)	2(1.4)	95(27.1)
일일연속극	7(10.4)	51(60.0)	10(17.2)	1(0.7)	70(20.7)
연속단막극	3(4.5)	7(8.1)	1(1.7)	1(0.7)	12(3.6)
주중연속극	0	1(1.2)	29(50.0)	101(72.7)	131(37.4)
주말연속극	0	0	8(13.8)	34(24.5)	42(12.0)
계	67(19.1)	86(24.6)	58(16.6)	139(39.7)	350(100.0)

식의 변화를 살펴볼 수 있다.* 역사드라마의 형식은 주간연속극(주1
회), 일일연속극, 연속단막극, 주중연속극(주2회), 주말연속극(주2회)으로
변화되어왔다. 역사드라마의 형식 변화는 [표 7-2]에서 보는 것처럼
1964~1971년, 1972~1981년, 1982~1994년, 1995~2018년으로 구분
될 수 있다.**

1964~1971년에는 주간연속극 비중이 가장 높았고, 1972~1981년
의 경우 〈장희빈〉(1971~1972, MBC)이 인기를 끌면서 일일연속극 시
기로 접어들었다. 1982~1994년에는 다양한 드라마 형식들이 혼재했
다. 이 시기에는 주중연속극 형식이 제일 많기는 하지만 주말연속극

* 이하의 분석 자료는 이 책의 말미에 부록으로 제공된 「한국 텔레비전 역사드라마
  데이터베이스(1964~2018)」의 역사드라마 350편을 분석한 내용이다.
** 역사드라마의 형식 변화는 주간연속극 시기, 일일연속극 시기, 주중연속극 시기, 주
  중연속극과 주말연속극의 고정 편성 기준에 따라 네 시기로 구분했다.

이 등장했으며, 일일연속극도 어느 정도 편성되었다.

〈국토만리〉(1964, KBS)는 주간연속극이었다. 1964~1968년까지는 주간연속극 이외에 다른 형식의 역사드라마는 제작되지 않았다. 주간연속극은 1967년 한 해에만 13편이 제작되어 전성기라 할 만했는데, 점차 조금씩 줄어들어 1984년 2편이 편성된 이후 1990년, 1991년, 1993년, 1996년, 2005년 각각 1편씩, 1992년 2편이 제작되었을 뿐이며, 2006년 이후에는 거의 방영되지 않았다.

1969년 채만식의 소설을 각색한 〈태평천하〉(MBC)가 역사드라마로는 처음 일일연속극으로 방영되었지만 몇 회 방영하지 못하고 도중에 종영했다. 따라서 최초의 일일 역사드라마라고 말하기는 어렵다. 일일연속극은 1964년 〈눈이 나리는데〉(TBC)를 통해 최초로 등장했으나 일일 역사드라마는 그로부터 몇 년 뒤에야 제작되었다. 이렇게 일일연속극 형식의 역사드라마가 상대적으로 늦게 제작된 이유는 세트, 의상, 고증 등 제작상의 어려움이 있었기 때문일 것이다. 일일연속극은 1970년대 초·중반(1972~1976) 역사드라마뿐만 아니라 멜로드라마의 지배적인 형식이었다.* 이 시기에 역사드라마의 대부분이

---

* 1964년에 최초의 일일연속극이 등장했지만 당시에는 녹화기조차 도입되기 전이어서 제작의 어려움이 있었다. 이 때문에 일일연속극이 본격적으로 제작된 시점을 1969년으로 보기도 한다. 대표적으로 백미숙은 텔레비전 드라마에서 일일연속극의 기점을 1969년으로 설정한다.(백미숙, 「1960년대 텔레비전의 '창작 문예 단막극': 라디오 방송 문예와 연극 대중화 운동의 관계 속에서」, 한국방송학회 엮

[표 7-3] 역사드라마 형식의 전개 과정

형식	시기	전개 과정
주간연속극	1964	〈국토만리〉(KBS), 〈민며느리〉(TBC)
	1967	주간연속극 최다 편성(13편)
	1994	이후 주간연속극 사실상 폐지
일일연속극	1969	〈태평천하〉(MBC, 조기 종영)
	1972	일일연속극 최다 편성(10편)
	1992	이후 일일연속극 폐지
연속단막극	1971	〈개화백경〉(KBS)
	1987	이후 연속단막극 사실상 폐지[1999년 〈어사출두〉(KBS2)]
주중연속극	1981	〈장희빈〉(MBC) 월요일과 화요일 주2회 편성
	1994	이후 주중연속극 고정 편성
주말연속극	1985	〈아무렴 그렇지 그렇고 말고〉(MBC) 토요일과 일요일 주2회 편성
	1995	이후 주말연속극과 주중연속극 편성 체제로 고정

일일연속극으로 방영되었다. 당시 일일드라마는 3개 방송사에서 매일 4~6편씩 편성했는데, 그중 최소 1편은 역사드라마였다. 그러다가

음, 『한국의 텔레비전 드라마: 역사와 경계』, 컬처룩, 2013, 70쪽) 1969년 MBC가 텔레비전 방송을 시작하면서 3개 방송사 경쟁이 본격적으로 나타났는데, 경쟁의 정점에 일일드라마가 있었다. 일일연속극 경쟁은 특히 1970년대 초반에 치열했다. 예를 들어 저녁 7~10시 사이의 일일연속극 편성을 살펴보면, 1972년 KBS 4편, TBC 6편, MBC 3편이고, 1973년 KBS 4편, TBC 5편, MBC 6편이었다.(이윤진, 『한국의 이야기 문화와 텔레비전 드라마』, 한국학술정보, 2006, 134쪽)

1992년 이후에는 일일연속극 역사드라마가 거의 사라졌다.

1971년에 〈개화백경〉(KBS)이 연속단막극으로 편성되었다. 〈개화백경〉은 이규태의 풍물서風物書를 각색하여 개화기 서민들의 생활을 보여준 드라마였다. 연속단막극은 역사드라마 형식에서 주변적 위치를 차지하고 있을 뿐이다. 연속단막극으로 성공한 대표적인 작품은 〈전설의 고향〉(1977~1989, KBS1; 1996~1999, KBS2)이다.

주중연속극은 〈여인열전 1화: 장희빈〉(1981, MBC)이 월요일과 화요일에 편성되면서 시작되었다. 1982년 MBC는 〈여인열전 2화: 서궁마마〉, 〈여인열전 3화: 은장도〉, 〈여인열전 4화: 황진이〉를 목요일과 금요일에 편성했다. 1983년부터 1990년까지 '조선왕조 500년' 시리즈(MBC)는 월·화, 수·목, 목·금 등 일주일에 두 번씩 방송되었다. 주중연속극은 현재까지도 역사드라마의 지배적인 형식이다.

주말연속극은 1985년, 개화기에 신분이 다른 세 여인의 인생을 그린 〈아무렴 그렇지 그렇고 말고〉(MBC)가 편성되면서 시작되었다. 이 드라마는 허구적 등장인물을 설정하여 남녀 간의 사랑을 다룬 역사 멜로드라마였다. 1986년 KBS1도 선우휘의 소설을 극화한 〈노다지〉를 시작으로 주말연속극을 정규 편성하기 시작했다.

1980년대 초반에서 1990년대 초반까지는 주간연속극, 일일연속극, 주중연속극, 주말연속극이 함께 편성되었다. 역사드라마는 1995년부터 주중연속극과 주말연속극으로 고정 편성되었다.

필자가 1964~2018년까지 분석한 전체 역사드라마는 350편이지

[표 7-4] 시기별 역사드라마의 시대 배경 단위: 편(%)

시기 시대 배경	1964~1971	1972~1982	1983~1990	1991~1999	2000~2018	계
고조선~남북국	6(9.1)	2(2.3)	0	1(3.6)	18(15.3)	27(8.1)
고려~조선 초	1(1.5)	5(5.8)	3(8.1)	1(3.6)	13(11.0)	23(6.9)
조선 전반기	15(22.7)	22(25.6)	10(27.0)	10(35.7)	34(28.8)	91(27.2)
조선 후반기	8(12.1)	23(26.7)	15(40.5)	9(32.1)	32(27.1)	87(26.0)
모호한 조선	34(51.5)	33(38.4)	3(8.1)	3(10.7)	12(10.2)	85(25.4)
일제~6·25	2(3.0)	1(1.2)	6(16.2)	4(14.3)	9(7.6)	22(6.6)
계	66(19.7)	86(25.7)	37(11.0)	28(8.4)	118(35.2)	335(100.0)

만 시대 배경 분석에서 15편은 제외했다. 그 15편을 제외한 이유는 연속단막극으로 여러 역사 배경이 혼합되어 있거나(10편) 타임 슬립 드라마(5편)였기 때문이다. [표 7-4]의 시대 배경에서 '조선 전반기'는 태조~현종까지이고, '조선 후반기'는 숙종~순종까지이다. '모호한 조선'은 배경이 조선시대로 설정되어 있으나 구체적으로 어느 시기인지 불분명한 역사 멜로드라마이다.

전체적으로 보면 조선시대 배경의 역사드라마가 78.6%로 압도적이다. 조선 전반기, 조선 후반기, 모호한 조선이 배경인 드라마의 비율은 비슷하다. 다음으로 고조선~남북국 시대가 8.1%, 고려~조선 초는 6.9%, 그리고 일제~6·25 시기는 6.6%를 차지하고 있다.

1964~1971년에는 모호한 조선이 배경인 드라마가 51.5%를 차지할 정도로 많았다. 이들 드라마는 주로 가부장제하의 여인들 애환을

다루었다. 그 다음으로 많은 수치를 차지한 시대는 조선 전반기로, 22.7%이다. 조선 전반기는 후반기에 비해 왕조사에서 권력 갈등이 치열했던 시기라 그만큼 극적 요소를 많이 갖고 있기 때문일 것이다.

1972~1982년 동안 조선 전반기와 조선 후반기를 다룬 역사드라마는 각각 25.6%와 26.7%로 비슷한 비율이며, 모호한 조선이 배경인 드라마가 38.4%로 여전히 가장 많았다. 이는 여성 시청자를 끌어들이기 위한 전략으로 역사 멜로드라마를 많이 제작했기 때문인데, 그렇다 하더라도 1964~1971년에 비하면 기간으로 보나(7년간 34편에서 10년간 33편), 전체 비중(51.5%에서 38.4%)으로 따져도 줄어든 셈이다.

1983~1990년 사이에는 조선 후반기를 다룬 역사드라마가 많았다. 정사드라마가 본격적으로 등장하면서, 조선시대이지만 시기가 불확실하거나 역사적 자료가 부족한 시기는 배경으로 거의 설정되지 않았다. 일제~6·25까지 다룬 드라마는 상대적으로 늘어나서 16.2%나 차지했다.

2000~2018년까지 눈에 띄는 특징은 고조선~남북국 시대(18편, 15.3%)와 고려~조선 초(13편, 11.0%)를 시대 배경으로 삼은 드라마가 늘어났다는 점이다. 2000년 이후는 역사드라마의 소재 한계를 극복한 시기로, 고조선 1편,* 고구려 7편, 백제 4편, 신라 4편, 발해 1편,

---

* 고조선이 시대 배경인 역사드라마는 〈주몽〉이다. 〈주몽〉은 고구려 건국에 관한 이야기로 고구려 붐을 일으켰지만 시대적 배경은 고조선 후기에 해당한다.

[표 7-5] 시기별 역사드라마의 서사 단위: 편(%)

시기 서사	1964~1971	1972~1982	1983~1990	1991~1999	2000~2018	계
고전·설화 등	10(15.0)	9(9.8)	1(2.6)	1(3.4)	4(3.3)	21(6.0)
왕·세도가 중심	9(13.4)	9(9.8)	0	0	8(6.5)	26(7.4)
역사 멜로	21(31.3)	24(26.1)	9(23.1)	3(10.3)	25(20.3)	82(23.4)
시대 맥락 중심	1(1.5)	7(7.6)	15(38.5)	6(20.7)	18(14.6)	47(13.4)
인물 중심	13(20.9)	28(30.4)	2(5.1)	9(31.0)	41(33.3)	94(26.9)
민중의 삶	5(7.5)	8(8.7)	10(26.6)	4(13.8)	7(5.7)	34(9.7)
의적과 무협	7(10.4)	7(7.6)	2(5.1)	6(20.7)	20(16.3)	42(12.0)
계	67(19.1)	92(26.3)	39(11.1)	29(8.3)	123(35.1)	350(100.0)

가야 1편이 만들어졌다. 특히 2006년에는 〈주몽〉(2006~2007, MBC), 〈연개소문〉(2006~2007, SBS), 〈대조영〉(2006~2007, KBS1)이 인기를 끌면서 고구려에 대한 국민적 관심이 높아졌다. 한편, 고려를 시대 배경으로 삼은 드라마로는 〈제국의 아침〉(2002~2003, KBS1), 〈무인시대〉(2003~2004, KBS1), 〈신돈〉(2005~2006, MBC), 〈무신〉(2012, MBC) 등이 있다. 〈태조 왕건〉(2000~2002, KBS1) 이후 고려시대로까지 시대 배경이 폭넓어졌다.

[표 7-5]는 시기별로 역사드라마의 주요 서사가 어떻게 변화했는지를 정리한 것이다. 1964~2018년까지 총 350편 가운데 인물 중심 역사드라마는 94편(26.9%), 역사 멜로드라마는 82편(23.4%), 시대 맥락 중심은 47편(13.4%), 의적과 무협은 42편(12.0%)이다. 시기별로 살

펴보면 1960년대와 1970년대는 여인들의 애환을 다룬 역사 멜로드라마가 많았다. 1960년대에는 역사 멜로드라마, 인물 중심, 고전·설화가 주류를 이루었는데, 1972~1982년에는 인물 중심과 역사 멜로드라마의 흐름으로 이어졌고, 1983~1990년에는 시대 맥락 중심과 민중의 삶을 다룬 서사가 부상했다. 1991년 이후에는 다시 인물 중심 서사가 주류를 차지하고 있다.

1964~1971년 사이에 역사 멜로와 더불어 특징적인 서사는 인물 중심과 고전·설화를 다룬 것들이다. 인물 중심의 서사에서 세조를 주인공으로 다룬 드라마가 3편(〈수양대군〉 1966, KBS; 〈세조대왕〉 1967, KBS; 〈수양산맥〉 1969, MBC)이고, 북벌을 계획한 효종을 다룬 드라마가 2편(〈대춘부〉 1968, KBS; 〈북벌검〉 1970, KBS)이었다. 고전·설화 등을 다룬 드라마는 옛이야기 전달자로서 텔레비전 역사드라마의 위치를 보여준다. 1971년에는 '고전시리즈'라는 명칭으로 고전소설이 드라마로 제작되었다. 고전시리즈는 최초로 30분짜리 일일연속극으로 제작되어 편성 시간을 고정하는 데 기여했다.[5]

1972~1982년에는 인물 중심 서사가 가장 많았다. 1972년 10월 유신헌법을 공포하고 몇 달이 지난 뒤인 1973년 1월, 박정희는 연두 회견에서 "10월 유신은 민족주체성과 주체적 민족사관의 정립에 그 목적이 있다"라고 강조했는데,[6] 이를 반영해야 한다는 듯 문화공보부는 민족사관 정립과 민족문화 계승이라는 목적성에 부합하는 드라마 제작을 강요했다. 이른바 위인 중심의 역사를 다룬 드라마를 비롯하

여 민족정기를 극화하는 국난 극복 시리즈와 민족사관 정립극이 이 시기에 등장했다.

1983~1990년에는 인물 중심 서사가 쇠퇴하고 시대 맥락 중심의 정사드라마와 민중의 삶을 다루는 드라마가 부상했다. 1970년대 내 내 역사가 정치적 목적을 위해 활용되었다는 점에서 이 시기 정사드라마의 제작은 새로운 모색이었다. 민중의 삶을 다룬 역사드라마는 왕조사를 다룬 소설에서 벗어나 민중사를 다룬 역사소설을 드라마로 제작한 것이다. 그러한 경향을 대표하는 작품은 박경리 소설을 각색한 〈토지〉(4부작), 김주영 소설 원작의 〈객주〉*(1983, KBS2), 선우휘 소설 원작의 〈노다지〉(1986, KBS1), 한무숙 소설 원작의 〈역사는 흐른다〉(1989, KBS1) 등이다.

1991~1999년의 경우 인물 중심 서사가 다시 부상하면서 현재까지 그 흐름이 이어지고 있다. 이 시기의 인물 중심 서사는 1970년대의 인물 중심 서사와는 다르다. 1970년대는 국난의 위기를 극복한 역사적 위인을 중심으로 상찬과 계도의 내용을 담고 있지만, 1990년대 이후에는 특정 인물의 권력 욕망, 성공 과정, 그리고 로맨스를 결합했기 때문이다. 2000년 이후에는 남성과 권력자 중심에서 벗어나 여성, 내시, 중인, 상궁, 상인 등 다양한 인물이 욕망의 주체로 형상화

---

* 김주영의 소설 『객주』는 2015년에 〈장사의 신〉(KBS2)이라는 제목으로 또 한 번 제작되었다.

[표 7-6] 시기별 역사드라마의 서술 방식 단위: 편(%)

시기 서술 방식	1964~1971	1972~1982	1983~1990	1991~1999	2000~2018	계
기록적 서술 방식	1(1.5)	5(5.4)	12(30.8)	2(6.9)	2(1.6)	23(6.6)
개연적 서술 방식	11(16.4)	29(31.5)	3(7.7)	11(37.9)	18(14.6)	72(20.6)
상상적 서술 방식	14(20.9)	17(18.5)	7(17.9)	7(24.1)	57(46.3)	101(28.9)
전형적 서술 방식	1(1.5)	0	7(17.9)	1(3.4)	5(4.1)	14(4.0)
허구적 서술 방식	40(59.7)	41(44.6)	10(25.6)	8(27.6)	41(33.3)	140(40.0)
계	67(19.1)	92(26.3)	39(11.1)	29(8.3)	123(35.1)	350(100.0)

되었다. 〈이산〉(2007~2008, MBC)이나 〈대왕 세종〉(2008, KBS2)과 같이 왕이 주인공으로 나온 경우에도 권위적 모습보다는 고뇌하고 성찰하는 인물로 새롭게 재구성되었다.[7]

[표 7-6]에 정리한 역사드라마의 서술 방식을 시기별로 살펴보면, 1964~1971년에는 허구적 서술 방식이 대부분이었다가 1972~1982년에는 개연적 서술 방식이 크게 늘어났다. 1983~1990년에는 기록적 서술 방식이 높은 비율을 차지하고 있으며, 1991~1999년 다시 개연적 서술 방식으로 전환되었다가 2000년 이후에는 상상적 서술 방식으로 변화되었음을 알 수 있다.

역사드라마의 서술 방식은 서사와 밀접히 관련되어 있다. 역사 멜로드라마가 유행했던 1960년대와 1970년대까지 허구적 서술 방식이 주도적이었다면, 정부의 정책에 부응한 드라마가 확대되기 시작했던 1970년대 초반부터는 영웅에 대한 개연적 서술 방식이 부상했고, 그러다가 1983~1990년 사이 정사드라마가 제작되면서 기록적 서술 방식으로 바뀌었다. 1991~1999년에는 정사드라마가 바탕으로 삼는 공식적 역사 기록에서 벗어나 개연적 서술 방식으로 변화되었다가, 2000년 이후에는 사료 중심에서 탈피하여 상상의 역사를 추구하는 방식으로 전환되었다.

3. 방송사 평균 제작 편수와 원작 각색

역사드라마의 제작 편수(한 방송사별 한 해 평균 제작 편수)를 살펴보면 1978년, 1990년, 2007년이 변곡점이라 할 만하다. 1978년부터 방송사 평균 제작 편수가 줄어들다가 1990~2006년에는 아예 침체기에 빠져들었다. 2007년 이후에는 역사드라마 제작이 회복되는 듯했으나 2018년부터는 다시 침체된 양상을 띠고 있다.

역사드라마가 가장 많이 제작되었던 시점은 1967년과 1970년으로 각각 13편이었고, 1972년, 1974년, 1976년에는 각각 12편씩 만들어졌다. 1978년 이후 10편 이상 제작된 시기는 2010년에 들어와서다. 이후 2012년과 2013년에도 10편씩 제작되었다.

[그림 7-1]은 한 개 방송사에서 제작되는 한 해 평균 제작 편수이다. 1964~1977년 3.76편, 1978~1989년 1.86편, 1990~2006년 1.03

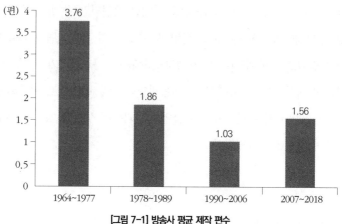

(편) 4

3.5

3

2.5

2

1.5

1

0.5

0

| 1964~1977 | 1978~1989 | 1990~2006 | 2007~2018 |

3.76 1.86 1.03 1.56

[그림 7-1] 방송사 평균 제작 편수

편, 2007~2018년 1.56편이다.* 1976년 12편, 1977년 9편 제작되었던 역사드라마는 1978년에 5편으로 급속히 줄었다.

1978년부터 갑자기 역사드라마의 제작 편수가 줄어든 이유로는 텔레비전 드라마의 대형화를 들 수 있다. 오명환은 1978년부터 대형 기획 드라마가 새바람을 일으켰다고 지적하면서 대표적인 작품으로 〈6·25〉(KBS), 〈높은 갈〉(KBS) 등을 꼽았다. 이들은 각각 6·25와

* 한 개 방송사의 평균 제작 편수를 계산할 때 2007년 이후 케이블 텔레비전과 종편 채널의 역사드라마는 제외했다. 2007~2018년간 1개 종편과 4개 케이블 채널에서 제작한 역사드라마는 총 18편인데, 이들 채널을 포함하여 평균값을 구하는 것은 적절치 않기 때문이다. 따라서 이 책에서는 지상파 채널만을 중심으로 평균 제작 편수를 계산했다.

8·15 특집극 형태로 제작된 7부작과 3부작 드라마였다.[8]

신문 보도를 종합해보건대 역사드라마의 제작 편수가 줄어든 데는 두 가지 요인이 있다. 첫째, 1977년 미국 ABC에서 제작한 〈뿌리〉(8부작)가 세계적으로 선풍적 인기를 끌었는데, 우리나라에서도 TBC에서 1978년 3월 25일부터 4월 1일까지 방영되었다. 〈뿌리〉가 국내에서도 높은 인기를 끌면서 드라마 제작 방식에 영향을 미쳤으리라 추측된다. 즉, 고품질(quality) 드라마에 대한 관심이 높아지자 '광복 33주년', '건국 30주년' 등을 내걸며 제작 비용이 상대적으로 많이 소요된 특집극이 만들어지면 역사드라마 제작은 그만큼 줄어들었다. 둘째, 일일연속극을 줄여야 한다는 정부와 언론의 압박으로 방송사들은 매일 3개 정도씩 편성했던 데서 2개로 축소했고, 대신 방송시간을 20분에서 30분으로 늘렸다. 일일연속극의 제작 축소가 역사드라마의 제작 편수에도 영향을 미쳤다고 볼 수 있다.

1990년에 들어와서 역사드라마의 제작 편수는 더 줄어들었다. 1990~1999년까지 방송사별 한 해 제작 편수는 0.83편에 불과했다. 한 방송사는 일 년에 1편만 제작했을 뿐이다. MBC는 '조선왕조 500년' 시리즈의 마지막 작품인 〈대원군〉(1990년 12월 종료)을 끝으로 역사드라마 제작을 잠시 중지했다.

이병훈은 이 시기에 역사드라마 제작이 이루어지지 않았던 이유로 1988년 민주화 이후 방송 소재에 대한 규제가 풀리면서 새로운 소재의 확대를 꼽았다. 사회 쟁점과 관련된 드라마들이 제작되면서 역사 소재는 뒤로 밀렸다는 것이다. 또한 당시 신세대론이 부상하면서 트렌디 드라마의 열풍이 일어난 반면, 역사드라마는 시청자의 관심 밖이었다. 1991년 개국한 SBS가 역사드라마 〈유심초〉를 편성하여 방영했는데, 그 결과는 참담했다. 그만큼 역사드라마에 대한 시청자의 관심이 적었다.[9] 1970년대와 1980년대에 군사정권은 드라마를 규제했지만, 그것은 내용에 관한 것이지 역사드라마 제작 자체에는 적극적이었다. 그러나 1990년대 초반에 이르러 역사드라마 제작을 위한 동력은 사라졌다.

2000년대 초반에 시청자의 관심이 높았던 역사드라마들이 대거 제작되어 높은 시청률을 기록했음에도 불구하고 방송사별 제작 편수는 늘지 않았다. 이것은 제작 편수의 문제라기보다 편당 횟수가 늘어났기 때문이다. 예컨대 〈태조 왕건〉은 200부작, 〈여인천하〉는 150부작으로 방영되었다. 2007년 이후 지상파 방송사들은 역사드라마 제작 편수를 조금 늘렸다. 하지만 2018년에는 지상파 방송사에서 한 편의 역사드라마도 방영하지 않았는데, 이는 처음 있는 일로서 역사드라마 제작의 침체를 극명하게 보여준다.*

총 350편의 역사드라마에서 원작 각색과 순수 창작의 비율을 보면, 원작 각색이 87편(24.9%)인데 비해 순수 창작은 263편(75.1%)이

---

* 2018년 지상파 방송사는 역사드라마를 방영하지 않았지만 영화계에서는 역사영화 개봉이 증가했다. 총 7편의 역사영화가 상영되었는데 〈안시성〉, 〈명당〉, 〈궁합〉, 〈흥부〉 등이다. 역사 장르가 드라마에서 영화로 옮겨갔다고 볼 수 있다.

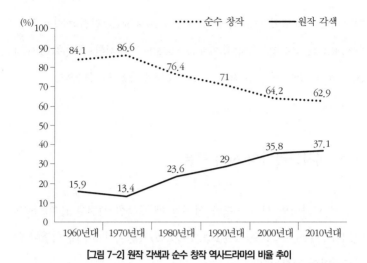

[그림 7-2] 원작 각색과 순수 창작 역사드라마의 비율 추이

다. 원작 각색과 순수 창작 역사드라마와 관련해서 시기별로 특징적인 구별점은 잘 나타나지 않는다. 그렇지만 [그림 7-2]에 나타나듯 10년 단위로 살펴보면 원작 각색의 비율이 조금씩 높아지고 있는 추세다.

1979년 〈토지〉 이후 역사소설을 드라마로 제작하는 경우가 증가했고, 2000년대 이후에는 원작의 범위가 확대되었다. 원작자를 보면 1960~1970년대에는 이광수·박종화·김동인 등, 1980년대에는 박경리·선우휘·한무숙·이병주·유현종 등, 1990년대에는 홍성원·박완서·이은성 등, 2000년대에는 최인호·황인경·유성찬·이정명 등의 소설이 드라마로 제작되었다. 2008년 이후에는 유명 만화가의 작품이 원작으로 사용되었는데, 김혜린(〈비천무〉, 2008, SBS), 김진(〈바람의 나라〉, 2008, KBS2), 고우영(〈돌아온 일지매〉, 2009, MBC), 이재헌·홍기우(〈무사 백동수〉, 2011, SBS), 허영만(〈각시탈〉, 2012, KBS2) 등을 들 수 있다.

4. 역사드라마의 시기 구분

역사드라마의 시기 구분을 설정할 때 주목할 시점은 1970~1973년, 1981~1983년, 1989~1991년, 1999~2001년이다. 이 네 시점이 역사드라마의 전환기다.

첫 번째 시점은 1972년 전후다. 1969년 MBC가 텔레비전 방송을 시작하면서 1970년부터 방송 3사의 드라마 경쟁이 치열하게 전개되었다. 1971년 전체 드라마에서 역사드라마가 차지하는 비율은 12.7%에 불과했지만[10] 이 시기 방영된 〈장희빈〉은 일일연속극에서 역사드라마의 경쟁력을 입증했다. 1972년 일일연속극으로 방영된 역사드라마는 10편(KBS 6편, MBC 2편, TBC 2편)이나 되었다. 그만큼 시청자의 요구가 높았다. 한편, 1972년 10월 유신을 단행한 박정희 정권은 1973년 봄 편성부터 주체적 민족사관을 계도하는 역사드라마 제작을 강요했다. 일반 대중이나 정권이나 역사드라마에 큰 관심을 쏟았으나 기대하는 바는 전혀 달랐다. 1972년을 전후하여 역사드라마가 주간연속극에서 일일연속극 형식으로 바뀌었고, 드라마 간 경쟁에서 중요 장르로 부상했으며, 내용적으로는 정권의 주체적 민족사관론이 강요되었다. 또한 이 무렵에는 1960년대 허구적 역사 서술 방식에 치우쳤던 데서 벗어나 인물 중심의 개연적 역사 서술 방식이 크게 증가했다.

두 번째 시점은 1983년 전후다. 1979년 신군부 세력의 12·12쿠데타와 1980년 전두환의 대통령 취임, 그리고 제5공화국 헌법이 공포(1980. 10. 27)된 뒤 곧바로 12월부터 컬러텔레비전 방송이 시작되었다. 또한 같은 해인 1980년 언론 통폐합 조치에 따라 TBC가 사라지고 공영방송 체제(KBS1, KBS2와 MBC)로 방송 환경이 바뀌었다. 1981년 1월에 방영을 시작한 〈대명〉(KBS1)과 〈교동마님〉(MBC)은 컬러로 제작되었고, 방송 프로그램 전체에 걸쳐 대형화와 로케이션 촬영이 활발히 진행되었다. 역사드라마도 방송 환경의 변화에 따라 로케이션 촬영(민속촌, 경복궁, 비원, 낙안 읍성 등), 의상과 미술에 대한 관심이 높아졌다. 1983년부터는 고증과 사료에 충실한 작품들이 등장했다. 〈개국〉과 '조선왕조 500년' 시리즈는 새로운 역사드라마의 흐름을 이끌었다. 일일연속극은 줄어들었으며 주중연속극이 주요 형식이 되었다.

세 번째 시점은 1991년 전후로, 민주화 흐름이 사회 전 분야에 걸쳐 폭발했던 시기다. 방송은 정권의 직접적이고 노골적인 통제에서 벗어났으며, 드라마 소재에 대한 규제도 풀렸다. 신세대 문화가 부상하기 시작하면서 빠르고 경쾌한 트렌디 드라마들이 만들어지

[표 7-7] 역사드라마 변화의 시점

시기	맥락	방송사와 정책	드라마 일반	주요 형식과 서술 방식	주요 드라마
1964		TBC 개국	생방송이나 편집 기능이 없는 녹화	주간연속극 허구적 역사 서술	〈국토만리〉 〈민며느리〉
1972 (1970~1973)	유신	MBC(1969) TV 개국 방송 3사 경쟁 체제 민족사관 정책	방송사 간 일일연속극 경쟁 심화	일일연속극 개연적 역사 서술	〈장희빈〉
1983 (1981~1983)	제5공화국 출범	TBC 해체 컬러 방송(1980. 12) 공영방송 체제	드라마 대형화 로케이션 촬영 확대	형식 혼합 기록적 역사 서술	〈개국〉 조선왕조500년 시리즈
1991 (1989~1991)	1987년 민주화운동	SBS 개국 방송 소재 다양화 방송 민주화	트렌디 드라마 제작비 증가 1990년 역사드라마 2편 제작(역대 최소)	주중·주말연속극 개연적 역사 서술	〈유심초〉
2000 (1999~2001)	IMF 경제 위기		역사드라마 높은 시청률	주중·주말연속극 상상적 역사 서술	〈허준〉 〈태조 왕건〉

고 대중의 시선을 끌었다. 반면에 역사드라마는 퇴조하기 시작했다. 1990년에 역사드라마는 겨우 2편만 제작되었고, 1991~1994년까지 매해 3편씩 제작되었을 뿐이다. 역사드라마의 형식은 주중·주말연속극으로 자리 잡았으나, 시청자들은 역사드라마를 외면했다. 역사드라마의 제작은 침체기에 빠져들었다고 해도 과언이 아니었다.

마지막으로 2000년 전후에는 사회적 맥락이나 방송 정책의 변화보다는 역사드라마의 내재적 발전이 두드러졌다. 평균 시청률(TNMS

자료)을 보면 〈허준〉(1999~2000, MBC) 48.3%, 〈태조 왕건〉(2000~2002, KBS1) 42.6%, 〈여인천하〉(2001~2002, SBS) 36.2%로, 역사드라마가 인기 장르로 다시 떠올랐다. 2000~2003년까지 전체 지상파 드라마의 평균 시청률이 14.7%인데 비해 역사드라마의 평균 시청률은 21.2%로 매우 높았다.[11] 2000년 이후 역사드라마는 사료에 크게 의존하지 않는 상상적 역사 서술 방식으로 바뀌었으며 로맨스를 역사와 결합하는 혼종의 서사가 두드러졌다.

위와 같이 역사드라마의 변화에 전환점이 되는 네 시점을 기준으로 시기 구분을 해보면, ① 옛이야기와 교양의 시기(1964~1971), ② 경쟁과 국민 계도의 시기(1972~1982), ③ 사실史實 추구 시기(1983~1990), ④ 침체와 모색의 시기(1991~1999), ⑤ 상상의 역사 서술 시기(2000~현재 2018)로 나누어볼 수 있다.

'옛이야기와 교양의 시기'에는 역사영화와 라디오 역사드라마가 텔레비전 역사드라마의 구성에 중요한 요인으로 작용했다. 왜냐하면 영화와 라디오를 통해 역사드라마의 수용자층이 확대되었기 때문이다. 1967년에 편집 가능한 표준 녹화기가 도입되면서 역사드라마의 제작도 활성화되었다. 새로운 방송 기술과 영화, 텔레비전, 라디오 사이의 매체 관련성(inter-media)이 이 시기 역사드라마 제작에 큰 영향을 미친 요인이었다.

'경쟁과 국민 계도의 시기'의 경우, 유신정권이 강제한 정책의 영향력이 중요한 요인이었지만 동시에 역사드라마의 내재적 발전도 함께 나타났다. 이 시기의 역사드라마는 주간연속극에서 일일연속극으로 변화하고, 허구적 역사 서술 방식에서 인물 중심의 개연적 역사 서술 방식으로 점차 바뀌었다. 유신정권의 민족사관 정립이라는 이데올로기가 역사드라마 제작의 범위를 설정했지만, 대중은 그와 같은 드라마들을 좋아하지 않았다.

'사실 추구의 시기'에는 공영방송 체제로 방송 환경이 변화되고 컬러텔레비전 방송도 시작되었다. 공영성으로서의 드라마와 기술 변화가 역사드라마의 변화를 이끌었고, 이데올로기의 역사에서 벗어나 고증에 대한 관심이 높아졌다.

'침체와 모색의 시기'에서 민주화와 새로운 세대의 등장은 역사드라마를 침체시키는 요인으로 작용했다. '상상의 역사 서술 시기'에는 외적인 요인보다는 역사드라마의 내재적 요인이 변용과 변화를 이끄는 힘으로 작용했다.

'옛이야기와 교양의 시기'로부터 '침체와 모색의 시기'까지 역사드라마의 표현 방식은 분명한 방향성을 갖고 있었다. 그러나 2000년 이후 역사드라마의 변화는 좀 더 다양하고 복잡한 방식으로 분화되었다. 2000년 이후 텔레비전 역사드라마에서 두드러진 특징은 역사소설이나 역사영화의 변화와 동궤를 이루었다는 점이다. 허구성이 강화됨에 따라 1990년대 이전까지 빈번하게 등장했던 남성 해설자의 목소리는 사라지고, 등장인물들은 치열한 경쟁 사회에서 살아남기 위해 수단과 방법을 가리지 않으며 자신의 욕망을 드러내는 데 주저함이 없었다. 허구적 상상력이 역사의 계몽적 권위를 해체한 자리를 대체하면서 사실과 허구의 위계가 허물어지고 경계도 모호해졌다. 역사드라마가 현재 정치 현실과 알레고리를 형성하면서 과거와 현재의 구분이 모호해지는 경향도 나타났다.[12]

2000년대 텔레비전 역사드라마는 '변용 가능성으로서의 역사'나 역사적 시간과 공간에 대한 '상상으로서의 이야기'에 초점을 맞추면서 외연을 확장했다. 역사적 사실 여부보다 역사적 기록 아래에 깔려 있는 공백을 상상력으로 메우면서 역사 인식이나 역사 효과를 유도하고 있다.[13] 2000년 이후 역사드라마는 여전히 강한 민족주의를 소환하고 있지만, 동시에 민족은 배경으로만 존재하거나 아예 탈민족의 경향을 보이기도 하고, 나아가 인간의 보편적 가치, 즉 억압과 저항, 지배와 피지배, 해방과 자유, 부조리와 정의의 문제를 역사 안으로 위치시키고 있다.

미주

참고문헌

한국 텔레비전 역사드라마 데이터베이스(1964~2018)

미주

1장. 어떻게 역사드라마를 볼 것인가

1 Davis, N. Z., "Any Resemblance to Persons Living or Dead: Film and the Challenge of Authenticity", *Yale Review* 76, 1987, pp. 457~482.

2 Rosenstone, R., *Visions of the Past: Challenge of Film to our Idea of History*, Cambridge, Massachusetts and London: Harvard University Press, 1995, pp. 50~55.

3 Grindon, L., *Shadows on the Past: Studies in the Historical Film*, Philadelphia: Temple University Press, 1994, pp. 8~16.

4 Neale, S., *Genre*, London: British Film Institute, 1980, P. 10.

5 Turner, J. C., *The Kinds of Historical Novel*, Baltimore and London: The John Hopkins University Press, 1971.

6 이재선도 이와 유사하게 역사소설을 '역사' 지향적 역사소설과 '소설' 지향적 역사소설로 분류한다.(이재선, 『한국현대소설사』, 민음사, 1999)

7 김윤식, 『한국근대소설사연구』, 을유문화사, 1986.

8 Fleishman, A., *The English Historical Novel: Walter Scott to Virginia Woolf*, Baltimore: John Hopkins University Press, 1971, P. 15.

9 Smith, R. M., *Types of Historical Drama*, New York: Prentice-Hall Inc,

1928, P. 4.

10 공임순, 『우리 역사소설은 이론과 논쟁이 필요하다』, 책세상, 2000.

11 Higson, A., *English Heritage, English Cinema: Costume Drama Since 1980*, Oxford and New York: Oxford University Press, 2003.

12 이병훈, 「TV史劇의 변천과 특성에 관한 연구」, 한양대학교 석사학위논문, 1997; 오명환, 『텔레비전 드라마의 사회학』, 나남출판, 1994.

13 텔레비전드라마연구회, 『텔레비전 드라마, 역사를 전유하다』, 소명출판, 2014, 484~487쪽.

14 박노현, 『드라마, 시학을 만나다: 텔레비전 드라마의 미학』, 휴머니스트, 2009, 205쪽.

15 공임순, 앞의 책, 131쪽.

16 Shaw, H. E., *The Forms of Historical Fictions: Sir Walter Scott and his Successors*, Ithaca and London: Cornell University Press, 1983, pp. 20~21.

17 본문에 제시한 〈용의 눈물〉의 대사는 박경진, 「TV 역사드라마 속 왕의 재현 방식과 변화: 드라마 제작 내부자 관점에서」, 서강대학교 석사학위논문, 2010, 55~56쪽에서 재인용했다.

18 게오르크 루카치 지음, 이영욱 옮김, 『역사소설론』, 거름, 1999.

2장. 역사적 상상력의 코드

1 전재호, 『반동적 근대주의자 박정희』, 책세상, 2000.

2 에릭 홉스봄 지음, 박지향·장문석 옮김, 『만들어진 전통』, 휴머니스트, 2004, 39쪽.

3 박상완, 「텔레비전 역사드라마 〈추노〉 연구」, 충남대학교 석사학위논문, 2011.

4 김기봉, 『팩션시대, 영화와 역사를 중매하다』, 프로네시스, 2006.

5 김은진, 「한국 사극 속 여성성과 담론 분석: 〈대장금〉을 중심으로」, 『여성연구논집』 15집, 2004.

6 이동후, 「드라마 〈대장금〉의 사회적 효과」, 『MBC 특별기획 드라마 〈대장금〉 그 성과와 사회적 함의』(MBC PD협회 정기세미나 자료집), 2004.

7 하효숙, 「역사, 젠더 그리고 텔레비전 역사드라마: 〈대장금〉을 중심으로」, 『미디어, 젠더 & 문화』 2호, 2004.

8 김수정, 「개인주의에서 민족주의까지: TV 사극 〈선덕여왕〉의 사회문화적 의미를 중심으로」, 『한국방송학보』 24(2), 2010, 88쪽.

9 「정통사극으로 뿌리내린다」, 『경향신문』 1983. 8. 5, 12면.

10 백소연, 「TV드라마 〈태왕사신기〉에 나타난 역사성 배제와 판타지 구축의 전략」, 『한국극예술연구』 43권, 2014, 301~331쪽.

11 원용진·주혜정, 「텔레비전 장르의 중첩적 공진화(dual co-evolution): 사극 〈허준〉과 〈태조 왕건〉 분석을 중심으로」, 『한국방송학보』 16권 1호, 2002.

3장. 역사와 현실의 알레고리

1 양승국, 「역사를 소환 재현하는 몇 가지 방식」, 『극예술과 역사—실재와 상상적 재현의 변증법』(한국극예술학회 2007년 전국학술발표대회 자료집), 2007, 28~36쪽.

2 배선애, 「고구려 소재 TV드라마 연구」, 『극예술과 역사—실재와 상상적 재현의 변증법』(한국극예술학회 2007년 전국학술발표대회 자료집), 2007, 53~75쪽.

3 서길수, 「역사와 고구려 드라마 〈주몽〉」, 『역사와 고구려·발해 드라마』(고구려연구회 2007 학술세미나 자료집), 2007, 16쪽.

4 김기봉, 「사극영화, 새로 쓰여진 역사를 통해 재구성된 기억과 그 의미」(토론문), 『극예술과 역사—실재와 상상적 재현의 변증법』(한국극예술학회 2007년 전국학술발표대회 자료집), 2007.

5 김아네스, 「사극 속의 장희빈은 어떻게 진화했는가」, 정두희 외, 『장희빈, 사극의 배반』, 소나무, 2004.

6 이기형, 「사극의 변화하는 풍경과 역사를 재현하는 관점들을 맥락화하기: 〈별순검〉과 〈한성별곡〉을 중심으로」, 『방송문화연구』 19권 2호, 2007, 15쪽.

7 위의 글, 27쪽.

8 윤석진, 「텔레비전 역사드라마 〈이산〉의 정치적 성향 고찰」, 『비평문학』 50호, 2013, 272쪽.

4장. 〈미스터 션샤인〉의 역사 소환과 재현 전략

1 「〈미스터 션샤인〉 보는 역사학자 "안타깝다"(연세대 오영섭 연구교수 인터뷰)」, 『노컷뉴스』 2018. 7. 11.

2 최형익, 「(사설·칼럼) 왜냐면: 〈미스터 션샤인〉과 구한말 한미 관계 왜곡」, 『한겨레』 2018. 8. 21.

3 신효승, 「1871년 미국의 강화도 침공과 전황분석」, 『역사와 경계』 93호, 2014, 33쪽.

4 최인진, 『한국사진사 1631~1945』, 눈빛, 1999, 431~437쪽.

5 이태진, 『고종시대의 재조명』, 태학사, 2000.

6 위의 책, 391쪽.

7 2004년 역사학계에서 고종에 대한 재평가 논쟁이 '내재적 발전론'과 '식민지 근대화론'의 연장으로 불붙었다. 고종이 개항기 자주적 근대국가를 수

립하려고 노력했으며 민국 정치 이념을 갖고 있었고 근대화 정책(광무개혁)을 추진한 계몽군주라는 이태진의 주장에 대해 김재호가 반론을 펼쳤고, 이에 또다시 재반론이 이어졌다. 이 논쟁과 관련해서는 이태진, 『고종시대의 재조명』, 태학사, 2000과 이태진·김재호 외, 『고종황제 역사청문회』, 푸른역사, 2005를 참고할 것.

8 주진오, 「미국제국주의의 조선 침략과 친미파」, 『역사비평』 계간3호, 1988, 79쪽.

9 Illouz, E., *Consuming the Romantic Utopia: Love and the Cultural Contradictions of Capitalism*, Berkeley: University of California Press, 1997.(박형신·권오헌 옮김, 『낭만적 유토피아 소비하기: 사랑과 자본주의의 문화적 모순』, 이학사, 2014)

10 Luhmann, L., *Liebe als Passion: Zur Codierung von Intimität*, Frankfurt: Suhrkamp, 1982.(정성훈·권기돈·조형준 옮김, 『열정으로서의 사랑: 친밀성의 코드화』, 새물결, 2009)

11 김경일, 『여성의 근대, 근대의 여성: 20세기 전반기 신여성과 근대성』, 푸른역사, 2004, 24쪽.

12 주창윤, 『한국 현대문화의 형성』, 나남출판, 2015, 30~31쪽.

13 배항섭, 「활빈당: 의적에서 의병으로」, 『역사비평』 계간 17호, 1992.

14 이태진, 앞의 책, 2000, 377쪽.

5장. 여성 인물의 상상적 소환

1 김은진, 「한국 사극 속 여성상과 담론 분석: 〈대장금〉을 중심으로」, 『여성연구논집』 제15집, 2004, 83~84쪽.

6장. 이병훈의 상상적 역사 쓰기

1 김주환, 「텔레비전의 작가주의: TV문학관의 장기오를 중심으로」, 『프로그램/텍스트』 4호, 2001.

2 Neale, S., op. cit, 1980, pp. 25~27.

3 조정래도 〈대장금〉의 서사가 고전 영웅서사로서 목표 세움(출생) – 현실 모순(성장) – 결여(위기) – 행동(투쟁) – 결말(성취)의 과정을 그대로 따르고 있다고 지적했다.(조정래, 「〈대장금〉의 서사적 특성 연구」, 『현대문학의 연구』 31집, 2007)

4 김태연, 「드라마 〈대장금〉에 나타난 영웅서사의 현대적 변용」, 『어문연구』 53권, 2007.

5 「〈대장금〉 이병훈 PD, 현실에서 이루지 못한 꿈을 보여주고 있어요」, 『한국일보』 2004. 1. 8.

7장. 역사드라마의 장르사

1 이병훈, 「TV史劇의 변천과 특성에 관한 연구」, 한양대학교 석사학위논문, 1997.

2 정영희, 『한국 사회의 변화와 텔레비전 드라마』, 커뮤니케이션북스, 2005.

3 「하일라이트: KBS·TV="말과 人間관계" 主題한 저명인사들 放談」, 『경향신문』 1970. 3. 12, 8면.

4 이병훈, 「드라마 〈허준〉 제작일지」, 『드라마 〈허준〉을 다시 읽는다』(한국방송비평회 프로그램 비평토론회 자료집), 2000.

5 이정훈, 「TV드라마 30년—작품으로 본 한국 방송사」, 『방송시대』 통권 6호, 1994, 184쪽.

6 「維新의 새 指標 명시」, 『매일경제』 1973. 1. 13, 3면.

7 이영미, 「라디오·TV 왕조사극의 경향과 그 의미」, 대중서사장르연구회, 『대중서사 장르의 모든 것 2: 역사 허구물』, 이론과 실천, 2009, 385쪽.

8 오명환, 『텔레비전 드라마 예술론』, 나남출판, 1994, 140~141쪽.

9 이병훈, 앞의 논문, 1997, 53~54쪽.

10 「TV드라마가 가정에 미치는 영향」, 『매일경제』 1972. 3. 25, 6면.

11 주창윤, 「역사드라마의 역사 서술 방식과 장르형성」, 『한국언론학보』 48권 1호, 2004, 183쪽.

12 대중서사장르연구회, 『대중서사 장르의 모든 것 2: 역사적 허구물』, 이론과 실천, 2009, 40~41쪽.

13 윤석진, 「2000년대 텔레비전 역사드라마의 지형도」, 텔레비전드라마 연구회, 『텔레비전 드라마, 역사를 전유하다』, 소명출판, 2014, 483쪽.

참고문헌

1. 논문과 단행본

강준만·오두진, 『고종 스타벅스에 가다: 커피와 다방의 사회사』, 인물과 사상
　　사, 2005.

공임순, 『우리 역사소설은 이론과 논쟁이 필요하다』, 책세상, 2000.

김경일, 『여성의 근대, 근대의 여성: 20세기 전반기 신여성과 근대성』, 푸른역
　　사, 2004.

김경동, 「드라마는 역사가 아니다」, 『뉴스메이커』 415호, 2001. 3. 15.

김기봉, 『팩션시대, 영화와 역사를 중매하다』, 프로네시스, 2006.

김기봉, 「사극 영화, 새로 쓰여진 역사를 통해 재구성된 기억과 그 의미 토론
　　문」, 『극예술과 역사: 실재와 상상적 재현의 변증법』(한국극예술학회 2007
　　년 전국학술발표대회 자료집), 2007.

김동진, 『파란 눈의 한국혼 헐버트』, 참좋은친구, 2010.

김수정, 「개인주의에서 민족주의까지: TV 사극 〈선덕여왕〉의 사회문화적 의
　　미를 중심으로」, 『한국방송학보』 24(2), 2010, 70~109쪽.

김아네스, 「사극 속의 장희빈은 어떻게 진화했는가」, 정두희 외, 『장희빈, 사극
　　의 배반』, 소나무, 2004.

김윤식, 『한국근대 소설사 연구』, 을유문화사, 1986.

김용만, 「역사와 고구려 드라마 〈연개소문〉」, 『역사와 고구려·발해 드라마』
(고구려연구회 2007 학술세미나 자료집), 2007

김은진, 「한국 사극 속 여성성과 담론 분석: 〈대장금〉을 중심으로」, 『여성연구
논집』 15집, 2004, 81~114쪽.

김주환, 「텔레비전의 작가주의: 〈TV문학관〉의 장기오를 중심으로」, 『프로그
램/텍스트』 제4호, 2001, 49~70쪽.

김태연, 「드라마 〈대장금〉에 나타난 영웅서사의 현대적 변용」, 『어문연구』 53
권, 2007, 299~330쪽.

대중서사장르연구회, 『대중서사 장르의 모든 것 2: 역사 허구물』, 이론과 실
천, 2009.

대중서사학회, 『역사소설이란 무엇인가』, 예림기획, 2003.

박경진, 「TV 역사드라마 속 왕의 재현 방식과 변화: 드라마 제작 내부자 관점
에서」, 서강대학교 석사학위논문, 2010.

박노현, 『드라마, 시학을 만나다: 텔레비전 드라마의 미학』, 휴머니스트, 2009.

박상완, 「텔레비전 역사드라마 〈추노〉 연구」, 충남대학교 석사학위논문, 2011.

박재영, 「한말 서구문물의 수용과 독일인」, 『독일연구』 23호, 2012, 31~72쪽.

배선애, 「고구려 소재 TV드라마 연구」, 『극예술과 역사: 실재와 상상적 재현의
변증법』(한국극예술학회 2007년 전국학술발표대회 자료집), 2007.

배항섭, 「활빈당: 의적에서 의병으로」, 『역사비평』 계간 17호, 1992, 343~347
쪽.

백미숙, 「1960년대 텔레비전의 '창작 문예 단막극': 라디오 방송 문예와 연극
대중화 운동의 관계 속에서」, 한국방송학회 엮음, 『한국의 텔레비전 드라
마: 역사와 경계』, 컬처룩, 2013.

백소연, 「TV드라마 〈태왕사신기〉에 나타난 역사성 배제와 판타지 구축의 전
략」, 『한국극예술연구』 43권, 2014, 301~331쪽.

서길수, 「역사와 고구려 드라마 〈주몽〉」, 『역사와 고구려·발해 드라마』(고구

려연구회 2007 학술세미나 자료집), 2007.

신효승, 「1871년 미군의 강화도 침공과 전황 분석」, 『역사와 경계』 93호, 2014, 31~64쪽.

양근애, 「TV드라마 〈대장금〉에 나타난 '가능성으로서의 역사' 구현 방식」, 『한국극예술연구』 28집, 2008, 309~343쪽.

양승국, 「역사를 소환·재현하는 몇 가지 방법」, 『극예술과 역사: 실재와 상상적 재현의 변증법』(한국극예술학회 2007년 전국학술발표대회 자료집), 2007.

유양근, 「일본 시대극 영화의 현대적 변용: 변주와 수렴」, 『일본학』 41집, 2015, 315~338쪽.

윤석진, 「텔레비전 역사드라마 〈이산〉의 정치적 성향 고찰」, 『비평문학』 50호, 2013, 255~281쪽.

윤석진, 「2000년대 텔레비전 역사드라마의 지형도」, 텔레비전드라마연구회 지음, 『텔레비전 드라마, 역사를 전유하다』, 소명출판, 2014.

오명환, 『텔레비전 드라마의 사회학』, 나남출판, 1994.

왕현종, 「대한제국기 고종의 황제권 강화와 개혁 논리」, 『역사학보』 208호, 2010, 1~34쪽.

원용진·주혜정, 「텔레비전 장르의 중첩적 공진화(dual co-evolution): 사극 〈허준〉과 〈태조 왕건〉 분석을 중심으로」, 『한국방송학보』 16권 1호, 2002, 300~332쪽.

이기형, 「사극의 변화하는 풍경과 역사를 재현하는 관점들을 맥락화하기: 〈별순검〉과 〈한성별곡〉을 중심으로」, 『방송문화연구』 19권 2호, 2007, 9~33쪽.

이동후, 「드라마 〈대장금〉의 사회적 효과」, 『MBC 특별기획 드라마 大長今 그 성과와 사회문화적 함의』(MBC PD협회 정기세미나 자료집), 2004.

이병훈, 「TV 史劇의 변천과 특성에 관한 연구」, 한양대학교 석사학위 논문, 1997.

이병훈, 「드라마 〈허준〉 제작일지」, 『드라마 〈허준〉을 다시 읽는다』(한국방송
    비평회 프로그램 비평토론회 자료집), 2000.

이병훈, 『꿈의 왕국을 세워라: 이병훈 감독의 드라마 이야기』, 해피타임, 2009.

이영미, 「라디오·TV 왕조사극의 경향과 그 의미」, 대중서사장르연구회 지음,
    『대중서사 장르의 모든 것 2: 역사 허구물』, 이론과 실천, 2009.

이윤진, 『한국의 이야기 문화와 텔레비전 드라마』, 한국학술정보, 2006.

이정훈, 「TV드라마 30년사: 작품으로 본 한국방송사」, 『방송시대』 통권 6호,
    1994, 172~211쪽.

이재선, 『한국현대소설사』, 민음사, 1999.

이종수, 「역사 토크쇼의 장르 혼종화」, 『한국언론학보』 60권 3호, 2016,
    271~299쪽.

이태진, 『고종시대의 재조명』, 태학사, 2000.

이태진·김재호 외, 『고종황제 역사청문회』, 푸른역사, 2005.

이태진·구대열·김도형·주진오, 「대한제국 100주년 좌담: 고종과 대한제국을
    둘러싼 최근 논쟁—보수회귀인가 역사적 전진인가」, 『역사비평』 계간 37
    호, 1997, 224~270쪽.

전재호, 『반동적 근대주의자 박정희』, 책세상, 2000.

정영희, 『한국 사회의 변화와 텔레비전 드라마』, 커뮤니케이션북스, 2005.

조정래, 「〈대장금〉의 서사적 특성 연구」, 『현대문학의 연구』 31집, 2007,
    333~356쪽.

주진오, 「미국제국주의의 조선 침략과 친미파」, 『역사비평』 계간 3호, 1988,
    64~86쪽.

주창윤, 「역사드라마의 역사 서술 방식과 장르 형성」, 『한국언론학보』 48권 1
    호, 2004, 166~188쪽.

주창윤, 『텔레비전 드라마: 장르·미학·해독』, 문경출판, 2005.

주창윤, 『한국현대문화의 형성』, 나남출판, 2015

최인진, 『한국사진사 1631~1945』, 눈빛, 1999.

텔레비전드라마연구회, 『텔레비전 드라마, 역사를 전유하다』, 소명출판, 2014.

하원호, 「망국의 리더쉽, 고종의 리더쉽」, 『내일을 여는 역사』 58, 2015. 3, 179~190쪽.

하효숙, 「역사, 젠더 그리고 텔레비전 역사드라마: 〈대장금〉을 중심으로」, 『미디어, 젠더 & 문화』 2호, 2004, 71~117쪽.

황인성, 「드라마 〈허준〉의 장르론적 특징과 대중성에 대하여」, 『드라마 〈허준〉을 다시 읽는다』(한국방송비평회 프로그램 비평토론회 자료집), 2000.

Altman, R., "Cinema and genre", In G. Nowell-Smith(ed.), *The Oxford History of World Cinema*, Oxford: Oxford University Press, 1996.

Davis, N. Z., "Any resemblance to persons living or dead: Film and the challenge of authenticity", *Yale Review* 76, 1987, 457~482.

Fleishman, A., *The English Historical Novel: Walter Scott to Virginia Woolf*, Baltimore: John Hopkins University Press, 1971.

Grindon, L., *Shadows on the Past: Studies in the Historical Film*, Philadelphia: Temple University Press, 1994.

Groot, J., *Consuming History: Historians and Heritage in Contemporary Popular Culture*, Oxford: Routledge, 2009.(이윤정 옮김, 『역사를 소비하다: 역사와 대중문화』, 한울아카데미, 2014)

Higson, A., *English Heritage, English Cinema: Costume Drama Since 1980*, Oxford and New York: Oxford University Press, 2003.

Hobsbawm, E. J., *Invention of Tradition*, Cambridge; Cambridge University Press, 1992.(박지향·장문석 옮김, 『만들어진 전통』, 휴머니스트, 2004)

Illouz, E., *Consuming the Romantic Utopia: Love and the Cultural Contradictions of Capitalism*, Berkeley: University of California Press, 1997.(박형신·권오헌

옮김, 『낭만적 유토피아 소비하기: 사랑과 자본주의의 문화적 모순』, 이학사, 2014)

Luhmann, L., *Liebe als Passion: Zur Codierung von Intimiät*, Frankfurt am Main: Suhrkamp Verlg, 1982.(정성훈·권기돈·조형준 옮김, 『열정으로서의 사랑: 친밀성의 코드화』, 새물결, 2009)

Landy, M., "Looking backward: history and Thatcherism in the recent British cinema", *Film Criticism*, 15(1), 1990, 17~22.

Neale, S., *Genre*, London: British Film Institute, 1980.

Lukacs, G., *The Historical Novel*, Lincoln: Nebraska University Press, 1983.(이영욱 옮김, 『역사소설론』, 거름, 1999)

Rosenstone, R. A., *Visions of the Past: Challenge of Film to our Idea of History*, Cambridge, Massachusetts and London: Harvard University Press, 1995.

Rosenstone, R. A., *Revisioning History*, New Jersey: Princeton University Press, 1994.(김지혜 옮김, 『영화, 역사— 영화와 새로운 과거의 만남』, 소나무, 2002)

Shaw, H. E., *The Forms of Historical Fiction: Sir Walter Scott and His Successors*, Ithaca and London: Cornell University Press, 1983.

Smith, R. M., *Types of Historical Drama*, New York: Prentice-Hall Inc, 1928.

Turner, J., *The Kinds of Historical Novel*, Baltimore and London: The John Hopkins Press, 1971.

2. 신문 자료

「TV드라마가 가정에 미치는 영향」, 『매일경제』 1972. 3. 25, 6면.

「TV週評: 史劇에서의 庶民 주인공 설정 위험」, 『경향신문』 1977. 2. 1, 5면.

「〈대장금〉 이병훈 PD, 현실에서 이루지 못한 꿈을 보여주고 싶어요」, 『한국일
　보』 2004. 1. 8.

「모습 드러낸 연개소문, 고구려의 영웅 '위험한 부활'」, 『경향신문』 2006. 7. 3.

「〈미스터 션샤인〉보는 역사학자 "안타깝다"」, 『노컷 뉴스』 2018. 7. 11.

「(사설·칼럼) 왜냐면: 〈미스터 션샤인〉과 구한말 한미 관계 왜곡」, 『한겨레』
　2018. 8. 21.

「維新의 새 指標 명시」, 『매일경제』 1973. 1. 13, 3면.

「정통사극으로 뿌리내린다」, 『경향신문』 1983. 8. 5, 12면.

「하일라이트: KBS·TV="말과 人間관계" 主題한 저명인사들 放談」, 『경향신문』
　1970. 3. 12. 8면.

한국 텔레비전 역사드라마 데이터베이스(1964~2018)

- 1964~1996년까지 역사드라마 목록은 이병훈의 논문(1997)에 실려 있는 부록을 참고했다. 그러나 필자가 신문의 방송편성표 확인을 통해 빠진 목록과 부정확한 내용을 바로잡았다. 1997~2018년까지 역사드라마 목록은 신문의 방송편성표를 기초로 작성했다.
- 정규 편성된 역사드라마를 대상으로 삼았다.

연도	방송사	제목	시대 배경	서사	주인공	유형	형식	작가	연출가	기타
1964	KBS	국토만리	고구려(낙랑국)	호동왕자와 낙랑공주의 전설	호동왕자, 낙랑공주	고전 야담 및 설화	주간	박신민	김재형	최초의 역사드라마
1964	KBS	마의태자	통일신라	마의태자의 일대기	마의태자	왕 세도가 중심 야사	주간	박민규		이광수 소설, 유치진 각색
1964	TBC	민며느리	가상의 조선	어린 신랑에게 시집온 여인의 애환		멜로드라마(사랑과 애환)	주간	이서구	김재형	1965년 영화로 제작
1965	KBS	정명아씨	가상의 조선	여인의 사랑과 애환		멜로드라마(사랑과 애환)	주간	이철향		
1965	KBS	숙부인전	가상의 조선	당상관 아내의 사랑과 애환		멜로드라마(사랑과 애환)	주간	김영곤	고성원	
1965	TBC	갈이	가상의 조선	여인의 사랑과 애환		멜로드라마(사랑과 애환)	주간	이진섭	황은진	
1965	TBC	정경부인	가상의 조선	아이를 낳지 못하는 정경부인의 사랑과 애환		멜로드라마(사랑과 애환)	주간	이서구	허규	
1965	TBC	감사댁기	가상의 조선	여인의 사랑과 애환		멜로드라마(사랑과 애환)	주간	박신민	허규	
1965	TBC	한양낭군	가상의 조선	여인의 사랑과 애환		멜로드라마(사랑과 애환)	주간	김영곤	최상현	
1966	KBS	월산부인	조선 세조	월산대군 부인의 사랑과 애환	월산부인, 월산대군	왕 세도가 중심 야사	주간			

연도	방송사	제목	시대 배경	서사	주인공	유형	형식	작가	연출가	기타
1966	KBS	임꺽정	조선 명종	임꺽정의 활약상	임꺽정	의적, 무협과 수사물	주간			최초의 의적 드라마
1966	KBS	수양대군	조선 문종~세조	수양대군의 왕위 찬탈	수양대군, 단종	왕 세조가 중심 야사	주간	김영수	염화송	김동인 소설, 라디오 드라마 〈수양대군〉(1962)을 텔레비전 드라마로 제작
1966	TBC	상궁나인	가상의 조선	궁중 상궁나인의 애환		멜로드라마(사랑과 애환)	주간	이서구	최상현	
1966	TBC	수청기생	가상의 조선	기생의 사랑과 애환		멜로드라마(사랑과 애환)	주간	이서구	김재형	
1966	TBC	공주 며느리	가상의 조선	공주의 시집살이		멜로드라마(사랑과 애환)	주간	이서구	김재형	
1966	TBC	후취댁	가상의 조선	후처로 들어간 여인이 마님이 되는 과정		멜로드라마(사랑과 애환)	주간	이서구	김재형	1969년 동명 영 화로 제작
1966	TBC	대원군	조선 고종	대원군의 일대기	대원군, 고종	인물 중심 야·정사	주간	장덕조	최상현	인물·역사드라마
1967	KBS	세조대왕	조선 문종~세조	세조의 일대기	세조	인물 중심 야·정사	주간	김영수		1970년 동명 영화 로 제작
1967	KBS	7부열녀	가상의 조선	열녀 7명의 애환		멜로드라마(사랑과 애환)	주간	임희재	고성원	

연도	방송사	제목	시대 배경	서사	주인공	유형	형식	작가	연출가	기타
1967	KBS	구슬아씨	백제	고구려 홍인태자와 백제 구슬아씨의 사랑	홍인태자, 구슬아씨	고전 야담 및 설화	주간	임희송	임희송	유치진 희극〈별〉 각색
1967	KBS	연화궁	조선 연산군	연산군 시대 폭정	연산군	왕 세도가 중심 야사	주간	김영곤	고성원	
1967	KBS	신사임당	조선 선조	신사임당의 일대기	신사임당	인물 중심 야·정사	주간	장덕조	이진욱	
1967	TBC	언제나 오실날고	가상의 조선	과거 보러 간 남편을 기다리는 부인의 사랑		멜로드라마(사랑과 애환)	주간	이서구	김재형	
1967	TBC	여인천하	조선 중종~명종	중종 시대 권력투쟁	정난정, 문정왕후	왕 세도가 중심 야사	주간	차범석	정일성	박종화의 동명 소설 각색
1967	TBC	이성계	여말선초	이성계의 일대기	이성계	인물 중심 야·정사	주간	신봉승	황은진	
1967	TBC	원효대사	신라	원효대사의 일대기	원효대사	인물 중심 야·정사	주간	최금동	서석주	이광수의 동명 소설 각색
1967	TBC	성춘향	가상의 조선	춘향과 이도령의 사랑		고전 야담 및 설화	주간	황현근	임희수	고전소설 『춘향전』 각색
1967	TBC	두 나그네	조선 선조	임진왜란 직후 도적을 물리치는 무사(무협)		의적, 무협과 수사물	주간	임희재	임창수	첫 무협 드라마, 1968년 영화로 제작

연도	방송사	제목	시대 배경	서사	주인공	유형	형식	작가	연출가	기타
1967	TBC	그린대로 한세상	가상의 조선	여인의 사랑과 애환		멜로드라마(사랑과 애환)	주간	이서구	최상현	
1967	TBC	황진이	조선 중종	황진이의 일대기	황진이	인물 중심 야·정사	주간	이서구	최상현	
1968	KBS	선덕여왕	신라	선덕여왕의 일대기	선덕여왕	인물 중심 야·정사	주간	이석정	하규	
1968	KBS	대춘부	조선 효종	병자호란 기간 효종과 이완의 북벌	효종, 이완	시대 배경 중심 정사	주간	오재호	임학송	박종화 소설 『병자호란』 각색
1968	KBS	난중일기	조선 선조	이순신의 일대기	이순신	인물 중심 야·정사	주간	이경제	임학송	1968년 동양 영화로 제작, TV 취중도 거북선 등 미니어처 제작
1968	TBC	김옥균	조선 고종	김옥균의 일대기	김옥균	인물 중심 야·정사	주간	김영수	유길촌	
1968	TBC	오동잎 지는 밤	가상의 조선	양반가 젊은 남녀의 사랑		멜로드라마(사랑과 애환)	주간	이서구	이윤희	
1969	KBS	녹슬은 단검	가상의 조선	돌쇠의 무협과 코믹		의적, 무협과 수사물	주간	이남섭	이남섭	
1969	TBC	김유신	신라	김유신의 일대기	김유신	인물 중심 야·정사	주간	장덕조	유길촌	

연도	방송사	제목	시대 배경	서사	주인공	유형	형식	작가	연출가	기타
1969	TBC	팔만동 색시	가상의 조선	어린 신랑에게 시집온 여인의 애환		멜로드라마(사랑과 애환)	주간	이서구	이윤회	1970년 〈꼬마신랑〉으로 영화화
1969	TBC	다방골 얼부자	가상의 조선	한양 다(茶)동에 사는 중 인들의 끈덕한 삶		민중의 삶	주간	이서구	이윤회	
1969	TBC	다전기담 (茶田奇談)	가상의 조선	한양 다(茶)동에서 벌어지 는 다양한 이야기		민중의 삶	주간	이서구	이윤회	
1969	MBC	화심무	조선 숙종	당쟁에 휩쓸린 양반가의 애환		왕 세도가 중심 야사	주간	김희창	유길촌	MBC 첫 역사드라마
1969	MBC	태평천하	일제강점기	1930년대 상류 사회의 풍속		민중의 삶	일일	김민부	표재순	채만식의 동명 소설 각색, 제작 중단
1969	MBC	수양산맥	조선 문종~세조	수양대군의 왕위 찬탈	수양대군, 단종	인물 중심 야·정사	주간	이상현	이효영	
1970	KBS	돌쇠	가상의 조선	〈누숭은 단검〉의 속편		의적, 무협과 수사물	주간	이남섭	이남섭	1970년 영화 〈의리의 사나이 돌쇠〉로 제작
1970	KBS	국난의 영웅들	혼합	국난 극복의 영웅들	태조 왕건, 신별조승 등	인물 중심 야·정사	주간	김영수	엄희송	옴니버스

연도	방송사	제목	시대 배경	서사	주인공	유형	형식	작가	연출가	기타
1970	KBS	북벌검	조선 효종	효종의 북벌정책	효종, 이완	인물 중심 야·정사	주간	김영수	임학송	
1970	KBS	김옥균	조선 고종(개화기)	김옥균	김옥균	인물 중심 야·정사	주간	김영수	임학송	
1970	KBS	지하촌 마루리	가상의 조선	몰락한 양반의 삶		풍자와 해학	주간	김영수	이동식	해학극
1970	TBC	애기 며느리	가상의 조선	조선 여인의 사랑과 애환		멜로드라마(사랑과 애환)	주간	이서구	이재준	
1970	TBC	옥녀	가상의 조선	조선 여인의 사랑과 애환		멜로드라마(사랑과 애환)	주간	이서구	이재준	
1970	TBC	영친왕 전하	일제강점기	영친왕의 궁중 생활	영친왕	왕 세도가 중심 야사	주간	김영곤	나영세	
1970	MBC	야명	가상의 조선	명나라에 공물을 은반하는 일제 관련된 무협		의적, 무협과 수사물	일일	김동현	표재순	방송횟수 단축으로 새로 PD 집단사 표 제중 소동
1970	MBC	물레방아	조선 고종(구한말)	구한말 소작인의 일생		민중의 삶	일일	차범석	이동희	
1970	MBC	석양의 나그네	조선 연산군	무오사화를 배경으로 한 두 일파의 무협		의적, 무협과 수사물	주간	김민부	유금촌	

연도	방송사	제목	시대 배경	서사	주인공	유형	형식	작가	연출가	기타
1970	MBC	사돈댁	가상의 조선	부부 사랑과 모성애		멜로드라마(사랑과 애환)	주간	이서구	박철	
1970	MBC	낙산도 좋을시고	가상의 조선	남편을 새 사람으로 만드는 아내		풍자와 해학	주간	이서구	박철	해학극
1971	KBS	춘향전	가상의 조선	춘향과 이도령의 사랑		고전 야담 및 설화	일일	이철향	박채민	고전소설 「춘향전」 각색, 일일연속극 30분 고정 편성
1971	KBS	심청전	가상의 조선	심청의 효심		고전 야담 및 설화	일일	노승걸	박채민	고전소설 「심청전」 각색
1971	KBS	삼각산	조선 고종 (구한말)	구한말에 한 서민이 집권층을 고발		풍자와 해학	주간	김강윤	이진욱	
1971	KBS	사또돌쇠	가상의 조선	〈녹슬은 단검〉, 〈돌쇠〉에 이은 3부작		의적, 무협과 수사물	연속 단막	이남섭	이남섭	돌쇠시리즈 3부작: 〈녹슬은 단검〉, 〈돌쇠〉, 〈사또돌쇠〉
1971	KBS	개화배경	조선 고종 (개화기)	개화기 서민 풍물		민중의 삶	연속 단막	이상현 외	이진욱 외	이규태의 풍물서 각색
1971	TBC	동기(童妓)	가상의 조선	어린 나이에 기생이 된 여인의 일생		멜로드라마(사랑과 애환)	일일	김영수	고성원	

연도	방송사	제목	시대 배경	서사	주인공	유형	형식	작가	연출가	기타
1971	TBC	대보 정선달	가상의 조선	김선달, 이항복 등 다양한 인물의 해학극		풍자와 해학	연속 단막	이철향	고성원	역사 사주에이션 형식(매주 5회 구성)
1971	TBC	상감마마 미워요	조선 연산군	연산군과 달림의 사랑	연산군	왕 세자궁 중심 야사	주간	신봉승	나영세	1967년의 동명 영화를 드라마로 제작
1971	TBC	양반전	가상의 조선	양반의 위선을 풍자		고전 야담 및 설화	주간	신봉승	독고중훈	고전소설 「양반전」각색
1971	MBC	장희빈	조선 숙종	장희빈의 일대기	장희빈, 인현왕후	왕 세자궁 중심 야사	일일	이서구	유흥렬	높은 시청률, 본격 일일 역사드라마 출발
1971	MBC	소박데기	가상의 조선	소박맞은 아내가 남편의 사랑을 얻음		멜로드라마(사랑과 애환)	주간	이서구	유흥렬	
1972	KBS	흥부전	가상의 조선	흥부와 놀부 형제 이야기		고전 야담 및 설화	일일	김기팔	이광제	고전소설 「흥부전」각색
1972	KBS	허생전	가상의 조선	양반 사회에 대한 비판		고전 야담 및 설화	일일	김희창	엄하송	고전소설 「허생전」각색
1972	KBS	한중록	조선 영조~정조	혜경궁 홍씨와 사도세자의 비극	혜경궁, 사도세자	왕 세자궁 중심 야사	일일	이상현 외	이정훈	「한중록」에 기반

연도	방송사	제목	시대 배경	서사	주인공	유형	형식	작가	연출가	기타
1972	KBS	진사의 딸	가상의 조선	여인의 사랑과 애환		멜로드라마(사랑과 애환)	일일	곽일로	이진욱	고전소설 「이춘풍전」 각색
1972	KBS	이춘풍전	가상의 조선	방탕한 남편을 세 사람 만드는 아내		고전 야담 및 설화	일일	윤혁민	이정훈	
1972	KBS	홍바위	조선 효종	이완 장군과 효종의 북벌	이완, 효종	인물 중심 야·정사	일일	김강윤	이진욱	
1972	KBS	임진왜란	조선 선조	임진왜란의 발발과 종료까지		시대 배경 중심 정사	주간	김희창	임학송	
1972	KBS	명인백선(名人百選)	혼합	역사 위인·장인을 매주 1명씩 극화		인물 중심 야·정사	연속단막	김기팔 외	임영웅	
1972	TBC	사모곡	조선 연산군	연산군이 어머니를 그리워하는 내용	연산군, 장녹수	왕 체도가 중심 야사	일일	신봉승	김재형	
1972	MBC	대원군	조선 고종(개화기)	흥선대원군의 일대기	대원군	인물 중심 정사	일일	이은성	표재순	유주현의 동명 소설 각색
1972	MBC	일편단심	가상의 조선	조선 여인의 애환과 사랑		멜로드라마(사랑과 애환)	일일	이서구	유흥렬	
1972	MBC	임꺽정	조선 명종	임꺽정의 활약상	임꺽정	의적, 무협과 수사물	일일	유현종	표재순	200만 원 고료 극본 당선작
1973	KBS	효녀탑	가상의 조선	여인의 효성		멜로드라마(사랑과 애환)	일일	이철향	이정훈	

연도	방송사	제목	시대 배경	서사	주인공	유형	형식	작가	연출가	기타
1973	KBS	세종대왕	조선 세종	세종대왕의 일대기	세종대왕	인물 중심 야·정사	일일	이은성	이정훈	국난 극복 드라마
1973	KBS	강감찬	고려	강감찬의 일대기	강감찬	인물 중심 야·정사	일일	이은성	엄화승	국난 극복 드라마
1973	KBS	신사임당	조선 선조	신사임당의 일대기	신사임당	인물 중심 야·정사	주간	장덕조	이진욱	
1973	KBS	불국사	신라	불국사에 얽힌 남녀의 사랑		고전 야담 및 설화	주간	이상현	이진욱	
1973	KBS	야사	가상의 조선	암행어사의 활약상		의적, 무협과 수사물	주간	이철향	이진욱	
1973	TBC	연화	조선 고종	선혜옹주의 이야기	선혜옹주, 민비후	왕 세도가 중심 야사	일일	신봉승	김재형	최초 추리 형식 역사드라마, TBC '이조여인 500년사' 시리즈(1화), 1974년 영화로 제작
1973	MBC	민비	조선 고종	명성황후의 일대기	명성황후, 대원군	인물 중심 야·정사	일일	김영곤	표재순	
1974	KBS	이율곡	조선 선조	율곡 이이의 일대기	이이	인물 중심 야·정사	일일	노능걸	이정훈	국난 극복 드라마

연도	방송사	제목	시대 배경	서사	주인공	유형	형식	작가	연출가	기타
1974	KBS	애루화	조선 인조	남한산성 병화수 이들 에루아의 조국애		민중의 삶	일일	이철향	이동희	국난 극복 드라마
1974	KBS	소명	여말선초	이성계의 일대기	이성계	인물 중심 야·정사	주간	김강윤	최상현	국난 극복 드라마
1974	KBS	충의	조선 문종-세조	신숙주의 일대기	신숙주	인물 중심 야·정사	주간	이은성	염학송	국난 극복 드라마
1974	KBS	삼국통일	신라 중심 (삼국시대)	김유신이 중심이 된 신라의 삼국통일 과정	김유신	인물 중심 야·정사	주간	김희창	이동희	국난 극복 드라마 마/일일 편성
1974	TBC	윤지경	조선 중종	중종 부마 윤지경과 옛 부인의 사랑	윤지경	왕 세조가 중심 야사	일일	신봉승	김재형	TBC 이조여인 500년사(2화)
1974	TBC	인목대비	조선 광해군	인목대비의 일대기	인목대비	인물 중심 야·정사	일일	신봉승	김재형	TBC 이조여인 500년사(3화)
1974	TBC	총리대신 김홍집	조선 고종 (개화기)	김홍집의 일대기	김홍집	인물 중심 야·정사	일일	김영곤	나영세	TBC 사나이 시리즈(1화)
1974	MBC	성춘향	가상의 조선	춘향과 이도령의 사랑		고전 야담 및 설화	일일	이은성	유흥렬	고전소설 「춘향전」 각색
1974	MBC	복녀	가상의 조선	굶으로 끌려간 아내를 찾는 남편의 사랑		멜로드라마(사랑과 애환)	일일	파랑도	박철	

연도	방송사	제목	시대 배경	서사	주인공	유형	형식	작가	연출가	기타
1974	MBC	황녀	조선 고종	이문용(고종과 엄상궁의 딸)의 일대기	이문용	왕 세도가 중심 야사	일일	유현종	이연헌	
1974	MBC	양반	가상의 조선	상놈으로 태어나 양반이 되는 인생		민중의 삶	일일	곽일로	유흥렬	
1975	KBS	천생연분	가상의 조선	남녀의 사랑		멜로드라마(사랑과 애환)	일일	이남섭	이남섭	
1975	KBS	포교 석일도	가상의 조선	포교 석일도의 활약상		의적, 무협과 수사물	연속 단막	곽일로	김수동	최초 수사 형식 드라마.
1975	TBC	여보	가상의 조선	이미 있는 남자인 여보의 애환		멜로드라마(사랑과 애환)	일일	이성재	황은진	TBC 샤니-이 시리즈(2화)
1975	TBC	옥피리	가상의 조선	여인의 사랑과 애환		멜로드라마(사랑과 애환)	일일	신봉승	김재형	TBC 이조여인 500년사(4화)
1975	TBC	임금님의 첫사랑	조선 철종	철종의 사랑	철종	왕 세도가 중심 야사	일일	신봉승	김재형	TBC 이조여인 500년사(5화), 1967년의 동명 영화를 드라마로 제작
1975	TBC	매화	가상의 조선	남녀의 사랑		멜로드라마(사랑과 애환)	일일	이철향	하강일	
1975	MBC	효자문	가상의 조선	혼자 사는 며느리의 효성		멜로드라마(사랑과 애환)	일일	김영곤	박철	

연도	방송사	제목	시대 배경	서사	주인공	유형	형식	작가	연출가	기타
1975	MBC	집념	조선 선조	허준의 일대기	허준	인물 중심 야·정사	일일	이은성	표재순	허준을 다룬 첫 드라마
1976	KBS	개화전야	조선 고종 (개화기)	개화기 일화		민중의 삶	연속 단막	오재호	임학송	
1976	KBS	황희정승	조선 세종	황희의 일대기	황희	인물 중심 야·정사	주간	오재호	이정훈	민족사관 정립극
1976	KBS	미명(未明)	조선 고종 (개화기)	개화기 시대를 연대기식으로 기술		시대 배경 중심 정사	주간	이은성	장형일	
1976	KBS	왕도	여말선초	이성계와 이방원의 조선 건국기	이성계, 이방원	시대 배경 중심 정사	일일	신봉승	이정훈	민족사관 정립극
1976	TBC	횃불	조선 고종 (개화기)	신병기 제조의 성공과 좌절	대원군	시대 배경 중심 정사	일일	곽일로	나영세	TBC 광운100년 시리즈(1화)
1976	TBC	젊은 그들	조선 고종 (개화기)	개화기 두 집안의 갈등과 사랑		멜로드라마(사랑과 애환)	일일	곽일로	나영세	TBC 광운100년 시리즈(2화), 김동인의 동명의 소설 각색
1976	TBC	별당아씨	가상의 조선	천대 속에서도 지아비를 섬기고 국가에 공훈을 세우는 박씨 부인의 일화		고전 야담 및 설화	일일	신봉승	김재형	TBC 이조여인 500년사(6화), 고전소설 「박씨전」 각색

연도	방송사	제목	시대 배경	서사	주인공	유형	형식	작가	연출가	기타
1976	TBC	천년화	가상의 조선	세도정치하 한 모녀의 나라 사랑		멜로드라마(사랑과 애환)	일일	곽일로	김재형	TBC 창사 10주년 공모 당선작
1976	TBC	무야제 세동이	가상의 조선	노비 출신 세동이가 서민이 된 이야기		멜로드라마(사랑과 애환)	일일	이철향		
1976	MBC	윤진사대 며느리	가상의 조선	공주의 시집살이		멜로드라마(사랑과 애환)	일일	김영곤	박철	
1976	MBC	예성강	고려	최무선의 일대기	최무선	인물 중심 야·정사	일일	이은성	표재순	민족사관 정립극
1976	MBC	사미인곡	조선 효종	이환 장군과 효종의 북벌	이환, 효종	인물 중심 야·정사	일일	이상현	표재순	민족사관 정립극
1976	MBC	가상 임상옥	조선 순조	임상옥의 일대기	임상옥	인물 중심 야·정사	일일	이은성	유흥렬	민족사관 정립극
1977	KBS	대동별곡	조선 철종	김정호의 일대기	김정호	인물 중심 야·정사	일일	무촌	이기하	민족사관 정립극
1977	KBS	꽃신	가상의 조선	남녀의 사랑		멜로드라마(사랑과 애환)	일일	김영곤	김연진	
1977	KBS	맥	혼합	역사 위인과 장비 소개		인물 중심 야·정사	연속 단막	김항명 외	장형일 외	〈명인백선〉 후속작
1977	KBS	전설의 고향	가상의 역사	신화, 설화, 전설 등을 다룸		고전 야담 및 설화	연속 단막	정하연 외	최상식 외	1989년까지 방송

연도	방송사	제목	시대 배경	서사	주인공	유형	형식	작가	연출가	기타
1977	TBC	하부인전	가상의 조선	함탕에 빠진 남편을 세 사람으로 만드는 아내		멜로드라마(사랑과 애환)	일일	신봉승	김재형	TBC 이즈위인 500년사(7화)
1977	TBC	비바람 찬 이슬	조선 고종 (개화기)	개화기 젊은이의 우국충 정과 사랑		민중의 삶	일일	곽일로	김재형	
1977	MBC	정화(情火)	조선 정조	김만덕 일대기	김만덕	인물 중심 야·정사	일일	이상현	유흥렬	민족사관 정립극
1977	MBC	타국	조선 선조	임진왜란 때 일본으로 끌려간 도공의 이야기		민중의 삶	일일	신봉승	표재순	민족사관 정립극 / 첫 해외 촬영
1977	MBC	옥녀	가상의 조선	조선 여인의 이별과 사랑		멜로드라마(사랑과 애환)	일일	남지연	심현우	
1978	TBC	상노(常奴)	조선 정조	홍국영과 상노 사이의 관 계(충효의 중요성)	홍국영	왕 세도가 중심 야사	일일	이철향	김재형	
1978	TBC	십오야 (十五夜)	조선 철종	의적 혹부성의 활약상		의적, 무협과 수사물	일일	남지연	심현우	와이어 액션(특수 촬영) 도입, 남한 산성 부근 오픈세 트 제작
1978	MBC	정부인	가상의 조선	내시의 양아들과 며느리 에 얽힌 내용		멜로드라마(사랑과 애환)	일일	신봉승	표재순	
1978	MBC	연지	여말선조	여말선조 남녀의 운명적 사랑		멜로드라마(사랑과 애환)	일일	신봉승	표재순	

연도	방송사	제목	시대 배경	서사	주인공	유형	형식	작가	연출가	기타
1978	MBC	역사의 인물	혼합	역사 위인들의 일대기		인물 중심 야·정사	연속 단막	이철향	이병훈	〈명인백선〉, 〈매〉, 〈님〉
1979	KBS	암행어사	가상의 조선	암행어사의 활약상		의적, 무협과 수사물	일일	오재호	김홍종	
1979	KBS	토지	조선 말~일제	서희와 주변 인물을 통해 본 근대사		민중의 삶	주간	박병우	김홍종	박경리의 동명 소설 각색
1979	MBC	소망	조선 철종	김정호의 일대기	김정호	인물 중심 야·정사	일일	이은성	표재순	
1979	MBC	안국동 아씨	조선 영조~정조	혜경궁 홍씨의 일대기	혜경궁 홍씨	인물 중심 야·정사	일일	신봉승	표재순	
1979	TBC	원앙별곡	조선 세종	한 여인이 대비가 되는 과정		멜로드라마(사랑과 애환)	일일	이철향	김재형	
1980	KBS	파천무	조선 단종~세조	수양대군의 왕위 찬탈	수양대군, 단종	인물 중심 야·정사	주간	이철향	이진욱	유주현 원작, 5공 정권에 의해 방송 조기 종료
1980	KBS	명인비화	혼합	역사 위인들 소개		인물 중심 야·정사	연속 단막	이철향 외	이진욱 외	
1980	TBC	동녀미사	조선 영조	남녀당파 여인의 사랑과 애환		멜로드라마(사랑과 애환)	일일	이은성	하강일	

연도	방송사	제목	시대 배경	서사	주인공	유형	형식	작가	연출가	기타
1980	MBC	고운님 여의옵고	조선 문종~세조	사육신의 비극	단종, 수양대군, 사육신	인물 중심 야·정사	일일	신봉승	표재순	
1980	MBC	간양록	조선 선조	임진왜란 때 일본으로 끌려간 강항의 일대기	강항	민중의 삶	일일	신봉승	표재순	
1980	MBC	홍화문롱	가상의 조선	과부가 된 양반 댁 규수의 사랑과 애환		멜로드라마(사랑과 애환)	주간	김영곤	유길촌	
1980	MBC	재봉춘	가상의 조선	청춘 남녀의 사랑을 가로막는 부패한 현실		멜로드라마(사랑과 애환)	주간	심영식	유길촌	고전소설「재봉춘」각색
1981	KBS2	포도대장	가상의 조선	포도청 수사들의 활약상		의적, 무협과 수사물	주간	김강윤 외	이진욱 외	
1981	KBS1	대명(大命)	조선 효종	병자호란의 치욕과 효종의 북벌	효종	시대 배경 중심 정사	주간	이철향	고성원	
1981	KBS2	매천야록	조선 고종(개화기)	황현의 일대기	황현	인물 중심 야·정사	주간	김항명	이중수	
1981	MBC	교동마님	조선 중종~명종	정난정과 윤원형의 권력 전횡	정난정, 윤원형	왕 세도가 중심 야사	일일	신봉승	표재순	컬러 방송

연도	방송사	제목	시대 배경	서사	주인공	유형	형식	작가	연출가	기타
1981	MBC	장희빈	조선 숙종	장희빈, 인현왕후, 숙종의 권력 싸움과 사랑	장희빈, 인현왕후	왕 세도가 중심 야사	주중	임충	유길촌	주중(일화) 편성 출발
1981	MBC	암행어사	가상의 조선	암행어사의 활약상		의적, 무협과 수사물	주간	김항명	이병훈	
1981	MBC	민족 풍속도	혼합	민족 풍속과 문화		민중의 삶	주간	오재호	최종수	
1982	KBS1	풍운	조선 고종	대원군과 고종을 중심으로 한 사회상	대원군, 고종	시대 배경 중심 정사	주간	신봉승	황인진	
1982	KBS2	천생연분	가상의 조선	부부 사랑과 효도		멜로드라마(사랑과 애환)	일일	유열	이종수	
1982	KBS2	꽃가마	가상의 조선	꼬마 신랑에 시집온 여인의 인생		멜로드라마(사랑과 애환)	일일	유열	이종수	
1982	MBC	전설이화	가상의 조선	전설을 매주 한 주제씩 극화		고전 야담 및 설화	일일	고영훈	유길촌	
1982	MBC	서궁마마	조선 광해군	인목대비와 영창대군의 비극적 운명	인목대비, 영창대군	시대 배경 중심 정사	주중	홍종원	표재순	
1982	MBC	은장도	가상의 조선	며느리의 시집살이		멜로드라마(사랑과 애환)	주중	임충	유길촌	
1982	MBC	황진이	조선 중종	황진이의 일대기	황진이	인물 중심 야·정사	주중	임충	최종수	

연도	방송사	제목	시대 배경	서사	주인공	유형	형식	작가	연출가	기타
1983	KBS1	개국	여말선초	고려왕조의 패망과 이성계의 조선 개국	이성계, 이방원	시대 배경 중심 정사	주간	이은성	장형일	정사드라마의 출발
1983	KBS2	님	훈항	우리 역사에 이름을 남긴 여인들의 일생	계월향, 김만덕 등	인물 중심 야·정사	주간	김강윤 외	황은진 외	
1983	KBS2	객주	조선 고종 (개화기)	보부상들의 애환과 사랑		민중의 삶	주중	김항명	이윤선	김주영의 동명 소설 각색
1983	MBC	추동궁마마	여말선초	고려왕조의 패망과 조선 개국	이성계, 이방원	시대 배경 중심 정사	주중	신봉승	이병훈	조선왕조 500년 시리즈(1화)
1983	MBC	뿌리 깊은 나무	조선 세종	세종의 일대기	세종	시대 배경 중심 정사	주중	신봉승	이병훈	조선왕조 500년 시리즈(2화)
1984	KBS1	독립문	조선 고종 (구한말)	구한말 애국자사이의 행적		시대 배경 중심 정사	주간	이철향	장기호	미술 부문 관심
1984	KBS1	TV춘향전	가상의 조선	춘향과 이도령의 사랑		고전 야담 및 설화	주간	박병우	어윤선	고전소설 「춘향전」 각색
1984	MBC	설중매	조선 문종-연산군	인수대비의 관점에서 왕 조사를 극화	인수대비	시대 배경 중심 정사	주중	신봉승	이병훈	조선왕조 500년 시리즈(3화)
1985	KBS2	젊은 그들	조선 고종 (개화기)	개화기 두 집안의 갈등과 사랑		멜로드라마(사랑과 애환)	주중	이철향	고성원	김동인의 동명 소설 각색
1985	KBS2	태평무	조선 효종	억울하게 많은 명문가 도령의 명예 회복		멜로드라마(사랑과 애환)	주중	이철향	고성원	

연도	방송사	제목	시대 배경	서사	주인공	유형	형식	작가	연출가	기타
1985	KBS2	꽃반지	조선 고종 (구한말)	여인의 사랑과 애환		멜로드라마(사랑과 애환)	일일	유열	김재형	
1985	MBC	풍란	조선 중종~명종	운인형과 정난정의 권력 전횡	운인형, 정난정	시대 배경 중심 정사	주중	신봉승	이병훈	조선왕조 500년 시리즈(4회)
1985	MBC	임진왜란	조선 선조	임진왜란의 발발에서 종료까지	이순신, 풍신수길	시대 배경 중심 정사	주중	신봉승	이병훈	조선왕조 500년 시리즈(5회). 대규모 미니어처 해전 촬영
1985	MBC	아무렴 그렇지 그렇고 말고	조선 고종 (개화기)	개화기 신분이 다른 세 여인의 인생		멜로드라마(사랑과 애환)	주말	임충	최종수	
1986	KBS1	노다지	조선 후기~6·25	3대에 걸친 가족의 수난사		민중의 삶	주말	박병우	이종수	신우휘의 동명 소설 각색
1986	KBS2	임이여 임일레라	조선 고종 (구한말)	서양 요리를 배운 청년의 인생과 사랑		멜로드라마(사랑과 애환)	일일	김항명	김재형	
1986	KBS2	이화에 월백하고	혼합	옛 풍물과 풍속을 배경으로 한 아이드라마		민중의 삶	연속 단막	이청향 외	정을영 외	
1986	KBS2	김손	조선 숙종	누명을 쓴 노비 이야기		멜로드라마(사랑과 애환)	주중	양근승	고성원	

연도	방송사	제목	시대 배경	서사	주인공	유형	형식	작가	연출가	기타
1986	MBC	회천문	조선 광해군	광해군 시기의 정치사회상	광해군	시대 배경 중심 정사	주말	신봉승	김종학	조선왕조 500년 시리즈(6화)
1986	MBC	남한산성	조선 인조	병자호란의 발발에서 종료까지	인조, 임경업	시대 배경 중심 정사	주말	신봉승	김종학	조선왕조 500년 시리즈(7화)
1987	KBS1	이화	조선 고종(개화기)	개화기 조선 청년의 애국 사상과 사랑		멜로드라마(사랑과 애환)	주말	김항명	김재형	William Arther Noble의 소설 『Ewa』 각색
1987	KBS1	토지 1부	조선 말~일제	서희와 주변 인물을 통해 본 근대사		민중의 삶	주말	김하림	주일청	두 번째 〈토지〉 드라마
1987	KBS2	사모곡	가상의 조선	신분이 뒤바뀐 양반과 상민		멜로드라마(사랑과 애환)	일일	임충	이윤선	
1987	KBS2	꼬지미	조선 고종(구한말)	보부상 박만술(가상 인물)의 사랑과 인생		민중의 삶	일일	유열	김재순	
1988	KBS1	토지 2부	조선 말~일제	서희와 주변 인물을 통해 본 근대사		민중의 삶	주말	김하림	주일청	
1988	KBS1	토지 3부	조선 말~일제	서희와 주변 인물을 통해 본 근대사		민중의 삶	주말	김하림	주일청	
1988	KBS2	하늘아 하늘아	조선 영조~정조	혜경궁 홍씨의 여정과 인생	혜경궁, 사도세자	인물 중심 야~정사	일일	유열	김재순	

연도	방송사	제목	시대 배경	서사	주인공	유형	형식	작가	연출가	기타
1988	MBC	인현왕후	조선 숙종	인현왕후의 역경과 인생	인현왕후, 장희빈	시대 배경 중심 정사	주중	신봉승	이병훈	조선왕조 500년 시리즈(8화)
1988	MBC	한중록	조선 영조~정조	사도세자와 혜경궁 홍씨의 정치사	혜경궁, 사도세자, 영조	시대 배경 중심 정사	주중	신봉승	이병훈	조선왕조 500년 시리즈(9화)
1988	MBC	대검자 (大劍子)	가상의 조선	보물지도를 둘러싼 무사들의 활투		액션, 무협과 수사물	주중	윤석훈	윤상수	김병총의 동명 소설 각색
1989	KBS1	토지 4부	조선 말~일제	서희와 주변 인물을 통해 본 근대사		민중의 삶	주말	김한림	주일청	
1989	KBS1	역사는 흐른다	구한말~해방	격동기 양반가와 천민들의 인간관계		민중의 삶	주말	박병우	이종수	한무숙의 동명 소설 각색
1989	KBS2	천명(天命)	조선 중종	인습을 거부한 한 여인의 사랑		멜로드라마(사랑과 애환)	일일	이철향	김재형	
1989	KBS2	바람과 구름과 비	조선 고종 (구한말)	구한말 새 왕국을 건설하려는 가상 인물 최천중의 일대기		민중의 삶	주중	윤혁민	전세권	이병주의 동명 소설 각색
1989	MBC	파문(破門)	조선 정조	살확·천주학과 전통 유학의 대립		시대 배경 중심 정사	주중	신봉승	이병훈	조선왕조 500년 시리즈(10화)

연도	방송사	제목	시대 배경	서사	주인공	유형	형식	작가	연출가	기타
1989	MBC	대도전(大盜傳)	고려 말	고려 의적 명화의 활약상	명화	의적, 무협과 수사물	주중	윤석훈	윤정수 외	은패남의 동명 소설 각색
1990	KBS2	파천무	조선 문종~세조	세조와 사육신의 권력투쟁	세조, 사육신	시대 배경 중심 정사	주중	이환경	안영동	
1990	MBC	대원군	조선 고종(개화기)	구한말의 정치사회상	대원군	시대 배경 중심 정사	주간	신봉승	이병훈	조선왕조 500년 시리즈(11화)
1991	KBS1	왕도(王道)	조선 정조	정조와 홍국영의 정치 역정	정조, 홍국영	시대 배경 중심 정사	주간	김항명	김재형	유현종의 동명 소설 각색
1991	MBC	동의보감	조선 선조	허준의 일대기	허준	인물 중심 야·정사	주중	이상현	이재갑	이은성의 동명 소설 각색
1991	SBS	유심초	가상의 조선	신분과 환경이 다른 세 여인의 이야기		멜로드라마(사랑과 애환)	일일	신봉승	김재순	
1992	KBS1	삼국기(三國記)	삼국시대	삼국시대 민족의 저력과 미래상	이자왕, 계백, 김유신, 김춘추, 연개소문	시대 배경 중심 정사	주간	유현종	최상식 외	제작비 40여 원 투자(대형 사극)
1992	KBS2	비가비	가상의 조선	암행어사의 활약상		의적, 무협과 수사물	주간	자상학	김재형	
1992	MBC	일출봉	조선 고종(구한말)	신분과 환경이 다른 세 남자의 가족사		멜로드라마(사랑과 애환)	주중	임충	이재갑	

연도	방송사	제목	시대 배경	서사	주인공	유형	형식	작가	연출가	기타
1993	KBS1	먼동	구한말~일제	민족의 수난과 민중들의 민족혼		민중의 삶	주간	김항명	이녹영 외	홍성원의 동명 소설 각색
1993	KBS2	비검	조선 정조	검서를 둘러싼 한중일 무협사극		야적, 무협과 수사물	주중	이환경	안영동	
1993	MBC	일지매	조선 인조	의적 일지매의 활약상		야적, 무협과 수사물	주중	김남	조종현	최정주의 동명 소설 각색
1994	KBS2	한명회	조선 단종~성종	한명회의 개혁 사상을 제조명	한명회	인물 중심 야·정사	주중	신봉승	김재형	
1994	MBC	야망	조선 정조	각기 다른 삶을 사는 네 남매의 인생		멜로드라마(사랑과 야환)	주중	임충	이재갑	
1994	MBC	새아씨아 과랑·새아	조선 고종 (구한말)	동학혁명의 역사적 의미		민중의 삶	주중	홍기선	이은규	동학혁명 100주 년 기념작품
1995	KBS1	김구	근현대 (해방기)	김구의 일대기	김구	인물 중심 야·정사	주말	이봉원	김충길	
1995	KBS1	찬란한 여명	조선 고종 (개화기)	개화기 선각자들의 열정과 운명	김옥균, 박영효	시대 배경 중심 정사	주말	신봉승	이녹영	오프세트 제작
1995	KBS2	장녹수	조선 연산군	장녹수와 연산군의 일대기	장녹수, 연산군	인물 중심 야·정사	주중	정하연	이영국	
1995	KBS2	서궁	조선 광해군	광해군, 인목대비, 긍녀 개시의 인생 역정	광해군, 인목대비	인물 중심 야·정사	주중	박진성	김재형	

연도	방송사	제목	시대 배경	서사	주인공	유형	형식	작가	연출가	기타
1995	SBS	장희빈	조선 숙종	장희빈의 일대기	장희빈, 숙종	인물 중심 야·정사	주중	임충	이종수	
1996	KBS1	용의 눈물	여말선초	이성계와 이방원의 일대기	이성계, 이방원	시대 배경 중심 정사	주말	이환경	김재형	박종화의 『동명 소설 각색
1996	KBS2	조광조	조선 중종	조광조의 개혁과 일대기	조광조	시대 배경 중심 정사	주중	정하연	엄기백	
1996	KBS2	전설의 고향	가상의 역사	신화, 설화, 전설 등을 다룸		고전 야담 및 설화	연속 단막	이영국 외	이영국 외	1977~1989 〈전설의 고향〉 속편
1996	MBC	미망	개항~6·25	개성 상인 전처만 일가의 3대 가족사		민중의 삶	주중	임충	소원영	박완서의 『동명 소설 각색
1996	SBS	만강	조선 영조	신분을 속이고 현감이 되는 인생기		인물 중심 야·정사	주중	임충	김재순	현감 임백주 모델
1996	SBS	임꺽정	조선 명종	임꺽정의 활약상	임꺽정	의적, 무협과 수사물	주말	김원석 외	김한영	
1998	KBS1	왕과 비	조선 연산군	인수대비의 정치적 야망	인수대비	인물 중심 야·정사	주중	정하연	김종선 외	
1998	MBC	대왕의 길	조선 영조~정조	영조~정조 시기의 정치	영조, 사도세자	시대 배경 중심 정사	주중	임충	소원영	
1998	SBS	홍길동	조선 연산군	홍길동의 활약상	홍길동	의적, 무협과 수사물	주중	이한호	정세호	고전소설 『홍길동』 각색

연도	방송사	제목	시대 배경	서사	주인공	유형	형식	작가	연출가	기타
1999	KBS2	여자출두	가상의 조선	현실 풍자 드라마		의적, 무협과 수사물	연속 단막	정경화	이제우 외	
1999	MBC	왕조	일제강점기	김준삼 일대기	김준삼	민중의 삶	주중	지상학 외	장용우	
1999	MBC	허준	조선 선조	허준의 일대기	허준	인물 중심 야-정사	주중	최완규	이병훈	시청률 48.3%
2000	KBS1	태조 왕건	후삼국	고려 건국기	왕건, 궁예, 견훤	시대 배경 중심 정사	주말	이환경	김종선	KBS 고려사 시리즈(1화)
2000	KBS2	소설 목민심서	조선 정조	정약용의 일대기	정약용, 정조	인물 중심 야-정사	주중	윤영수 외	신재국 외	황인경의 동명 소설 각색
2000	KBS2	천둥소리	조선 선조	허균의 일대기	허균, 광해군	인물 중심 야-정사	주중	손영목	이상우	
2001	KBS1	명성황후	조선 고종 (개화기)	명성황후 일대기	명성황후, 고종, 대원군	시대 배경 중심 정사	주중	정하연	윤창범 외	당시 의상 제연
2001	KBS2	동양극장	일제강점기	동양극장 사람들의 일과 사랑		민중의 삶	주말	이상현	김종창	
2001	MBC	상도	조선 순조	임상옥의 일대기	임상옥, 박주명	인물 중심 야-정사	주중	최완규 외	이병훈	최인호의 동명 소설 각색

연도	방송사	제목	시대 배경	서사	주인공	유형	형식	작가	연출가	기타
2001	MBC	홍국영	조선 정조	홍국영의 일대기	홍국영, 정조	인물 중심 야·정사	주중	임충	이재갑	
2001	SBS	여인천하	조선 중종~명종	중종기 권력투쟁	정난정, 문정왕후	왕 제도가 중심 야사	주중	유동윤	김재형	박종화의 동명 소설 각색
2002	KBS1	제국의 아침	고려 광종	고려 개국 조 권력투쟁	광종, 정종	시대 배경 중심 정사	주말	이환경	전성홍 외	KBS 고려사 시리즈(2화)
2002	KBS2	장희빈	조선 숙종	장희빈과 숙종의 사랑·욕망	장희빈, 인현왕후	인물 중심 야·정사	주중	강태완	이영국 외	
2002	KBS2	태양인 이제마	조선 헌종	이제마의 사상의학	이제마	인물 중심 야·정사	주중	김항명	고영탁	노가원의 동명 소설 각색
2002	MBC	야사 박문수	조선 영조	암행어사 박문수의 활동기	박문수, 영조	인물 중심 야·정사	주중	고동률 외	정인	
2002	SBS	대망	가상의 조선	정경유착, 제왕의 정치적 야망		민중의 삶	주말	송지나	김종학	최초 HD 제작 드라마
2002	SBS	야인시대	일제강점기	김두한의 일대기	김두한, 하야시	야적, 무협과 수사물	주중	이환경	장형일	
2003	KBS1	무인시대	고려 무신정권	무신정권 전반기의 권력투쟁	이의방, 정중부	시대 배경 중심 정사	주말	유동윤	신창석 외	KBS 고려사 시리즈(3화)
2003	MBC	다모	조선 숙종	조선 여행사의 활약		야적, 무협과 수사물	주중	정형수	이재규	사전 제작, 다모폐인 등장

연도	방송사	제목	시대 배경	서사	주인공	유형	형식	작가	연출가	기타
2003	MBC	대장금	조선 중종	의녀 장금의 사랑과 성공	서장금	인물 중심 야·정사	주중	김영현	이병훈	시청률 46.3%, 한류 드라마
2003	SBS	왕의 여자	조선 광해군	김개시와 광해군의 사랑과 욕망	김개시, 광해군	인물 중심 야·정사	주중	윤정건	김재형	박종화의 『자고 가는 저 구름아』 각색
2004	KBS1	불멸의 이순신	조선 선조	이순신의 일대기	이순신, 한관	인물 중심 야·정사	주말	윤선주 외	이성주 외	김훈의 『칼의 노래』 각색
2004	KBS2	해신	신라	장보고의 일대기	장보고	인물 중심 야·정사	주중	황주아 외	강일수 외	최인호의 동명 소설 각색
2004	SBS	토지	조선 말~일제	서희와 주변 인물을 통해 본 근대사		민중의 삶	주중	이홍구 외	이종한	세 번째 〈토지〉 드라마
2004	SBS	장길산	조선 숙종	장길산의 의적 활동	장길산	의적, 무협과 수사물	주중	이희우	박경렬	황석영의 동명 소설 각색
2005	MBC	신돈	고려 공민왕	신돈의 일대기	신돈, 공민왕	인물 중심 야·정사	주말	정하연	김진만	
2005	MBC	추리다큐 별순검	조선 고종 (개화기)	개화기 과학수사대의 활약상		의적, 무협과 수사물	주간	김은영 외	김홍동 외	MBC 드라마넷 조선과학수사대 별순검 시즌1(2007), 시즌2(2008), 시즌3(2010) 제작

연도	방송사	제목	시대 배경	서사	주인공	유형	형식	작가	연출가	기타
2005	SBS	서동요	백제	무왕의 일대기	서동, 선화	인물 중심 야·정사	주종	김영현	이병훈	
2006	KBS1	대조영	발해	대조영의 일대기	대조영, 이해고	인물 중심 야·정사	주말	장영철	김종선	
2006	KBS1	서울1945	일제~6·25	8·15광복 전후 현대사		민중의 삶	주말	이한호 외	윤창범 외	
2006	KBS2	황진이	조선 중종	황진이의 일대기	황진이	인물 중심 야·정사	주종	윤선주	김철규	
2006	MBC	주몽	고조선 후기	주몽의 고구려 건국기	주몽, 소서노	인물 중심 야·정사	주종	최완규 외	이주환 외	시청률 49.7%
2006	SBS	연개소문	고구려 후기	연개소문의 일대기	연개소문, 당태종	인물 중심 야·정사	주말	이환경	이종한	
2007	KBS2	경성스캔들	일제강점기	1930년대 경성을 배경으로 한 독립운동과 사랑		멜로드라마(사랑과 애환)	주종	진수완	한준서	이선미의 『경성 애사』 각색
2007	KBS2	한성별곡	조선 정조	이문의 연쇄살인 사건 추적		이적, 무협과 수사물	주종	박진우	곽정환	추리소설 기법
2007	MBC	이산	조선 영조~정조	정조의 일대기	정조, 영조	시대 배경 중심 정사	주종	김이영	이병훈 외	
2007	MBC	태왕사신기	고구려	광개토대왕의 일대기를 배경으로 한 판타지 무협	담덕	인물 중심 야·정사	주종	송지나 외	김종학 외	

연도	방송사	제목	시대 배경	서사	주인공	유형	형식	작가	연출가	기타
2007	SBS	왕과 나	조선 연산군	환관 김처선의 일대기	김처선, 연산군	시대 배경 중심 정사	주종	유동윤 외	김재형 외	
2007	MBC드라마넷	별순검 시즌 1	조선 고종	구한말 별순검의 활약		추리수사물	주말	성윤정 외	김별수 외	〈추리다큐 별순검〉(MBC) 후속작
2007	CGV	정조암살미스터리─8일	조선 정조	정조 암살을 둘러싼 음모	정조	추리수사물	주종	김원석 외	박종원	오세영의 『원행』각색, 추리소설 기법
2007	OCN	메디컬기 방영화된	조선 숙종	기녀들의 사랑		멜로드라마	주종	유성진 외	김홍선	유성진 외 원작 소설 『조선남녀치세자사』 각색
2008	KBS2	대왕 세종	조선 태종~세종	세종의 일대기	세종, 태종	시대 배경 중심 정사	주말	윤선주 외	김성근 외	
2008	KBS2	최강칠우	조선 인조	자객단 우두머리의 활약상		이적, 무협과 수사물	주종	배유철	박만영	
2008	KBS2	쾌도 홍길동	조선 연산군	홍길동의 활약상		이적, 무협과 수사물	주종	홍미란 외	이정섭	
2008	SBS	바람의 화원	조선 정조	신윤복과 김홍도의 일대기	신윤복, 김홍도	인물 중심 야·정사	주종	이은영	장태유 외	이정명의 동명 소설 각색

연도	방송사	제목	시대 배경	서사	주인공	유형	형식	작가	연출가	기타
2008	SBS	일지매	조선 인조	일지매의 활약상		의적, 무협과 수사물	주중	최란 외	이용석	
2008	SBS	비천무	고려 말 (원나라 말기)	설리와 진하의 사랑, 명의 중국 통일		멜로드라마(사랑과 애환)	주중	강은경 외	윤상호	김혜린의 동명 만화 각색
2008	KBS2	바람의 나라	고구려	무휼의 일대기	무휼, 유리	인물 중심 야사·정사	주중	박진우 외	강일수 외	김진의 동명 만화 각색
2008	MBC 드라마넷	별순검 시즌 2	고종	구한말 별순검의 활약		추리수사물	주말	성윤정 외	김범수 외	
2008	OCN	경성기방영화권	일제강점기	모던 걸의 사랑		멜로드라마	주말	성민지 외	김중선	〈메디컬기방영화관〉속편
2009	KBS2	천추태후	고려 경종	천추태후의 일대기	천추태후, 김치양	인물 중심 야사·정사	주말	손영목 외	신창석 외	
2009	MBC	돌아온 일지매	조선 인조	일지매의 활약상		의적, 무협과 수사물	주중	김광식 외	황인뢰 외	고우영의 동명 만화 각색
2009	MBC	선덕여왕	신라	선덕여왕의 일대기	선덕여왕	인물 중심 야사·정사	주중	김영현 외	박홍균 외	시청률 43.6%
2009	MBC	탐나는도다	조선 인조	선비, 표류 영국 청년 윌리엄, 해녀의 사랑		멜로드라마(사랑과 애환)	주말	이재윤 외	윤상호 외	정혜나의 동명 만화 각색
2009	SBS	자명고	고구려	자명공주, 호동왕자, 낙랑공주의 이야기	호동왕자	멜로드라마(사랑과 애환)	주중	정성희	이명우	

연도	방송사	제목	시대 배경	서사	주인공	유형	형식	작가	연출가	기타
2009	OCN	조선추리활극 정약용	정조	정약용의 수사 활약상	정약용	추리 수사물	주중	양희승	김홍선	
2010	KBS1	거상 김만덕	조선 정조	김만덕의 일대기	김만덕	인물 중심 아·정사	주말	김진숙 외	강병택 외	
2010	KBS1	근초고왕	백제	근초고왕의 일대기	근초고왕, 부여화	인물 중심 아·정사	주말	정성희 외	윤창범 외	이문열의 『대륙의 한』 각색
2010	KBS1	명가	조선 인조	경주 최부자 일가의 이야기	최국선	인물 중심 아·정사	주중	배영수 외	이응복 외	
2010	KBS2	성균관 스캔들	조선 정조	성균관 유생 네 명의 성장과 사랑		멜로드라마(사랑과 애환)	주중	김태희	김원석 외	정은궐의 『성균관 유생들의 나날』 각색
2010	KBS2	추노	조선 인조	추노꾼의 활약과 사랑		민중의 삶	주중	천성일	곽정환	
2010	KBS2	구미호: 여우누이뎐	가상의 조선	구미호의 모성애		고전 야담 설화	주중	오선형, 정도윤	이건준, 이재상	
2010	MBC	김수로	가야국	김수로의 가야 건국기	김수로	인물 중심 아·정사	주말	장선아 외	장수봉 외	
2010	MBC	동이	조선 숙종	숙빈 최씨의 일대기	동이, 숙종	인물 중심 아·정사	주중	김이영	이병훈 외	

연도	방송사	제목	시대 배경	서사	주인공	유형	형식	작가	연출가	기타
2010	SBS	제중원	조선 고종(개화기)	배경 출신 황정이 이사가 되는 이야기		인물 중심 야-정사	주중	이기원	홍창욱	개화기 이사 박 서양 모델
2010	OCN	야차	조선 중기	왕의 비밀 조직을 둘러싼 두 형제의 운명과 복수		무협	주중	정형수 외	김홍선	
2010	MBC 드라마넷	별순검 시즌3	조선 고종	구한말 별순검의 활약		추리수사물	주말	성운정 외	김병수 외	
2011	KBS1	광개토대왕	고구려	광개토대왕의 일대기	담덕	인물 중심 야-정사	주중	이기원	홍창욱	
2011	KBS2	공주의 남자	조선 문종~세조	수양대군 딸과 김종서 아들의 비극적 사랑	김승유, 이세령	인물 중심 야-정사	주말	장기창 외	김종선	
2011	MBC	계백	백제	계백의 일대기	계백, 의자왕	인물 중심 야-정사	주중	정형수	김근홍 외	
2011	SBS	무사 백동수	조선 정조	무인 백동수의 일대기	백동수	인물 중심 야-정사	주중	권순규	이현직 외	이재헌·홍기우의 만화『야뉴 배동수』각색
2011	SBS	뿌리 깊은 나무	조선 태종~세종	세종대왕의 한글 창제기	세종(이도)	시대 배경 중심 정사	주중	김영현 외	장태유 외	이정명의 동명소설 각색
2011	JTBC	인수대비	조선 문종~연산군	인수대비의 일대기	인수대비, 정희왕후	인물 중심 야-정사	주말	정하연	노종찬 외	

연도	방송사	제목	시대 배경	서사	주인공	유형	형식	작가	연출가	기타
2012	KBS1	대왕의 꿈	신라	김춘추를 중심으로 한 삼국통일기	김춘추, 김유신	인물 중심 야·정사	주말	유동윤 외	신창석 외	
2012	KBS2	각시탈	일제강점기	독립운동에 투신했던 각시탈의 활약상		의적, 무협과 수사물	주중	한지훈 외	윤성식 외	허영만의 동명 만화 각색
2012	KBS2	전우치	조선 중종	율도국 도사 전우치의 복수와 사랑		의적, 무협과 수사물	주중	조명주 외	강일수 외	고전소설 「전우치전」 각색
2012	MBC	닥터진	조선/현대	조선 후기로 시간 이동한 외과의사의 활약상		멜로드라마(사랑과 애환)	주말	한지훈 외	한희 외	무라카미의 만화 「타임슬립 닥터진」 각색
2012	MBC	마의	조선 현종	천민으로 어의에 올랐던 백광현의 일대기	백광현	인물 중심 야·정사	주중	김이영	이병훈 외	
2012	MBC	무신	고려 무신정권	무신 김준의 일대기	김준, 최우	시대 배경 중심 정사	주말	이환경	김진민 외	
2012	MBC	해를 품은 달	가상의 조선	가상의 왕과 무녀 훤(혹)연우의 사랑		멜로드라마(사랑과 애환)	주중	진수완	김도훈 외	정은궐의 동명 소설 각색
2012	MBC	아랑사또전	가상의 조선	처녀 귀신 아랑과 사또의 사랑		고전 야담 설화	주중	정운정	김상호, 정대윤	
2012	SBS	신의	고려/현대	여의사의 시공을 초월한 사랑		멜로드라마(사랑과 애환)	주중	송지나	김종한 외	

연도	방송사	제목	시대 배경	서사	주인공	유형	형식	작가	연출가	기타
2012	SBS	대풍수	여말선초	고려 말의 도사들이 이성계를 도와 건국	이성계	시대 배경 중심 정사	주중	남선녀 외	이용석	
2012	tvN	인현왕후의 남자	조선 숙종/현대	인현왕후 복귀를 위해 시간여행하는 조선 선비와 현대 여배우의 사랑		멜로드라마(사랑과 애환)	주중	송재정 외	김병수	타임 슬립 역사드라마
2013	KBS2	천명	조선 중종	인종 독살 음모에 휘말린 내의원 이야기		왕 세도가 중심 야사	주중	최민기 외	이진서 외	
2013	KBS2	칼과 꽃	고구려 말기	영류왕 딸과 연개소문 서자의 사랑	무영, 연충	왕 세도가 중심 야사	주중	권단수	김용수 외	
2013	MBC	구가의 서	조선 선조	반인반수 최강치의 사랑과 무협		멜로드라마(사랑과 애환)	주중	강은경	신우철 외	
2013	MBC	구암 허준	조선 선조	허준의 일대기	허준, 유의태	인물 중심 야·정사	일일	최완규	김근홍 외	이은성의 『동의보감』 각색
2013	MBC	불의 여신 정이	조선 광해군	여성 사기장 백과선의 일대기	백파선, 광해군	인물 중심 야·정사	주중	권순규 외	박성수	권순규 동명 소설 각색
2013	MBC	제왕의 딸 수백향	백제	무령왕의 딸 수백향의 일대기	수백향	인물 중심 야·정사	주중	황진영	이상엽 외	

연도	방송사	제목	시대 배경	서사	주인공	유형	형식	작가	연출가	기타
2013	MBC	기황후	고려(원순제)	고려 여인 기승냥의 사랑과 투쟁	기승냥	인물 중심 야·정사	주중	장영철 외	한희 외	장영철의 동명 소설 각색
2013	SBS	장옥정, 사랑에 살다	조선 숙종	장희빈과 숙종의 사랑	장희빈, 숙종	인물 중심 야·정사	주중	최정미	부성철	최정미의 동명 소설 각색
2013	JTBC	꽃들의 전쟁	조선 인조	소용 조씨와 왕의 여인들 사이의 암투	소용 조씨, 소현세자	왕 세도가 중심 야사	주말	정하연	노종찬	박영주의 『조귀인』 각색
2013	tvN	빠스껫 볼	일제강점기	농구를 통해 민족의 애환을 그림		민중의 삶	주중	김지영 외	과정환 외	
2014	KBS1	정도전	여말선초	정도전의 일대기	정도전, 이성계	시대 배경 중심 정사	주말	정현민	강병택	
2014	KBS2	감격시대	일제강점기	1930년대 깡패들의 의리와 사랑		멜로드라마(사랑과 야합)	주중	박계옥 외	김정규 외	방학기의 동명 만화 각색
2014	KBS2	조선 총잡이	조선 고종(개화기)	무사 출신 총잡이의 복수와 사랑		의적, 무협과 수사물	주중	이정우 외	김정민 외	스토리 공모 우수작(기승배)
2014	KBS2	왕의 얼굴	조선 선조	광해군이 왕이 되는 과정	광해군, 선조	시대 배경 중심 정사	주중	이향희 외	윤선식 외	
2014	MBC	야경꾼 일지	가상의 조선	야경꾼의 활약상		의적, 무협과 수사물	주중	유동윤 외	이준원 외	스토리 공모 우수작(방지영)
2014	SBS	비밀의 문	조선 영조	영조와 사도세자의 정치적 갈등	영조, 사도세자	시대 배경 중심 정사	주중	윤선주	김형식	

연도	방송사	제목	시대 배경	서사	주인공	유형	형식	작가	연출가	기타
2014	JTBC	하녀들	여말선초	노비로 전락한 양반 여인의 운명		멜로드라마	주중	조현경	조현탁	조현경의 『하녀들』 각색
2015	KBS1	징비록	조선 선조	임진왜란 기간	류성룡	시대 배경 중심 정사	주말	정현민, 정지연	김상휘, 김영규	
2015	KBS2	장사의 신	조선 고종	보부상들의 애환과 사랑		민중의 삶	주중	정성희, 이한호	김종선, 김동휘	김주영의 『객주』 (두 번째 제작)
2015	MBC	빛나거나 미치거나	고려시대	광종과 공주의 사랑	광종	멜로드라마	주중	권인찬, 김선미	손형석, 윤지훈	현고운의 『빛나거나 미치거나』
2015	MBC	화정	조선 광해군~인조	정명공주의 삶	정명공주	왕조 중심 야사	주중	김이영	김상호, 최정규	김이영의 『화정』
2015	MBC	밤을 걷는 선비	가상의 조선	뱀파이어 선비의 사랑		멜로드라마	주중	장현규	이성준	조주희·한승희의 원작 만화 『밤을 걷는 선비』
2015	SBS	육룡이 나르샤	여말선초	여말선조 권력투쟁	이방원	시대 배경 중심	주중	김영현, 박상연	신경수	
2016	KBS1	장영실	조선 세종	장영실의 일대기	장영실	인물 중심 야·정사	주말	이명희, 마창준	김영조	
2016	KBS1	임진왜란 1592	조선 선조	임진왜란, 이순신의 전쟁기	이순신	시대 배경 중심	주중	김한솔, 김정예	김한솔, 박성주	5부작으로 제작

연도	방송사	제목	시대 배경	서사	주인공	유형	형식	작가	연출가	기타
2016	KBS2	구르미 그린 달빛	가상의 조선	왕세자와 남장 여자 내시 (역적의 딸)의 사랑		멜로드라마	주중	김민정, 임예진	김성윤, 배상훈	윤이수의 원작 만화 『구르미 그린 달빛』
2016	MBC	옥중화	조선 명종	옥(獄)에서 태어난 옥녀의 성공기		멜로드라마	주중	최완규	이병훈, 최정규	
2016	SBS	대박	조선 숙종	왕좌의 자리를 놓고 싸우는 권력투쟁과 사랑		왕 중심 야사	주중	조윤영	김규태	
2016	SBS	달의 연인: 보보경심 려	고려/현대	고려 왕자와 현대에서 온 여인의 사랑		멜로드라마	주중	조윤영	김규태	중국 작가 동화의 『보보경심』
2016	JTBC	마녀보감	조선 명종~선조	마녀가 된 공주와 허준의 사랑		멜로드라마	주중	권순규	남건	박세림의 원작 만화 『마녀보감』
2016	KBS2	화랑	신라	화랑들의 사랑과 우정		멜로드라마	주중	박은영	윤성식, 김영조	
2017	KBS1	한국사기	구석기~삼국시대	구석기시대부터 통일신라까지 국가의 탄생 과정		시대 배경 중심	주간		맹남규, 김진혁 외	다큐멘터리 드라마
2017	KBS2	7일의 왕비	조선 연산군	단경왕후 신씨의 젊은 시절 사랑	단경왕후 신씨	왕 중심 야사	주중	최진영	이정섭	

연도	방송사	제목	시대 배경	서사	주인공	유형	형식	작가	연출가	기타
2017	MBS	역적, 백성을 훔친 도둑	조선 연산군	홍길동의 투쟁과 사랑	홍길동	이적, 무협	주중	황진영	김진만, 진창규	
2017	MBC	군주, 가면의 주인	가상의 조선	세자와 권력자의 투쟁과 사랑			주중	박해진, 정해리	노도철, 박원국	
2017	MBC	왕은 사랑한다	고려 충렬왕	충선왕의 사랑	충선왕	멜로드라마	주중	송지나	김상협	김이령의 『왕은 사랑한다』
2017	SBS	사임당 빛의 일기	중종/현대	사임당의 예술과 사랑	신사임당	멜로드라마	주중	박은령	윤상호	타임 슬립 드라마
2017	SBS	엽기적인 그녀	가상의 조선	한양에 사는 두 남녀의 로맨스		멜로드라마	주중	윤효제	오진석	영화 〈엽기적인 그녀〉의 리메이크
2017	tvN	명불허전	조선/현대	조선의 한의사와 현대 외과의사의 의술과 사랑		멜로드라마	주말	김은희	홍종찬	타임 슬립 드라마
2018	tvN	백일의 낭군님	가상의 조선	세자와 어린 시절에 정혼을 약속한 여인의 사랑		멜로드라마	주중	노지설	이종재	
2018	tvN	미스터 션샤인	조선 고종	무명 의병들의 항일 투쟁과 사랑		시대 배경 중심	주말	김은숙	이응복	
2018	TV조선	대군 – 사랑을 그리다	가상의 조선	두 대군의 야망과 사랑		멜로드라마	주말	조현경	김정민, 이승훈	안평대군과 수양대군을 모티브로 제작

역사드라마, 상상과 왜곡 사이